引领优质阅读　创造美好生活

如何爱上阅读

宋家博 编著

机械工业出版社
CHINA MACHINE PRESS

不喜欢阅读的人如何打开阅读之门,并逐渐爱上阅读?书中分析了人们不喜欢阅读的原因,找到了阅读的起点——愉悦感。作者系统地分析了书和阅读,阅读的本质是"通过符号获取意义",是大脑及眼睛对书的内容进行协作处理的过程,是一项包含识别、理解、记忆与应用的整体性技能。低效阅读者首先要改变阅读方式,获得最初的愉悦感之后,再提升理解、记忆和应用能力。本书同时介绍了低效阅读者通往高效阅读的必经之路——刻意练习,以及如何通过阅读构建知识体系等。通过阅读本书,并实践书中的方法,每个人都能享受看得快、读得懂、记得住、用得着的阅读乐趣。

图书在版编目(CIP)数据

如何爱上阅读 / 宋家博编著 . —北京:机械工业出版社,2020.6(2021.4 重印)
ISBN 978-7-111-65300-4

Ⅰ . ①如… Ⅱ . ①宋… Ⅲ . ①读书方法 Ⅳ . ① G792

中国版本图书馆 CIP 数据核字(2020)第 059503 号

机械工业出版社(北京市百万庄大街22号 邮政编码 100037)
策划编辑:王淑花 张潇杰 责任编辑:王淑花 于化雨 张潇杰
责任校对:张玉静 封面设计:吕凤英
责任印制:孙 炜
保定市中画美凯印刷有限公司印刷
2021年4月第1版第2次印刷
145mm×210mm・5.75印张・2插页・133千字
标准书号:ISBN 978-7-111-65300-4
定价:49.80元

电话服务 网络服务
客服电话:010-88361066 机 工 官 网:www.cmpbook.com
　　　　　010-88379833 机 工 官 博:weibo.com/cmp1952
　　　　　010-68326294 金 书 网:www.golden-book.com
封底无防伪标均为盗版 机工教育服务网:www.cmpedu.com

推荐序

爱上阅读，向擅长者学习

你知道吗？在大学里竟然有这样一门选修课——"如何高效阅读"。这门课由一位开始不爱读书而到后来却"精通"阅读的老师开设，几年下来，喜爱者甚众。当然这位老师在教学相长中再度升华，这就是今天摆在我们眼前的这本著作，作者是北京化工大学优秀青年教师——宋家博。

作为家博老师的一位有机会撰写序言的朋友，可以在书籍出版前先睹为快，实在是一件让人高兴且深感责任重大的事情。我仔细阅读这本书，其中充满了在阅读过程中实际的经验和丰富的案例，让人读后收获颇多。这不是一本深奥的学术著作，也不是就某一个问题逐步论述的理论著作，读这本书时完全可以结合个人的经验加以互动，特别是成长中的学生、职场人士，以及在任何休闲时间愿意读书的人。这本书源自家博老师在高校教学的"课稿"，数年授课，精心打磨，让读者可以像一名学生聆听老师现场授课一样，不仅学到本领，而且提升境界。当然作者在书中也坦言，自己当初虽爱买书，却懒于阅读；爱上阅读后有许多收获，然后开课教学。他正是看到了当今人们阅读的"痛点"，所以愿意把自己独有的心得方法和成熟经验分享给大家。而今又借由出版惠及更多读者，我相信这样的书籍正如历世历代的大家、学者的讲稿一样，本身就是学问的体现。若有更多人因本书获益，也必将再次激励作者本人，继续积累，更上一层楼。

书中提到的阅读"痛点"（第一章内容）足以让很多人产生共鸣，对书籍和阅读的"系统"理解（第二章内容）则扩展了这场阅读之旅的维度。接下来的"刻意练习""提升速度"和"全景阅读"（第三章内容）是许多读书人都经常使用的有效方法，在书中全面且按层次介绍，对于想通过阅读进行自我成长的人而言，掌握方法后自然会少走很多弯路，甚至会让一些人由此爱上阅读。接下来对阅读的理解（第六章内容）、记忆（第七章内容）和应用（第八章内容），作者结合了自己的阅读和教学经验，也列举了《系统科学大学讲稿》《我们如何思维》《如何高效学习》《学习之道》《聪明教学7原理》《思考，快与慢》《系统之美》等书籍在自己整个阅读技能培养过程中的应用，此外书中提及的方法更有扎实的"认知心理学"作为理论支撑。在教育界、艺术评论界工作多年，我深知这些经验的宝贵，更有意义的是本书对我自己的写作和书籍编写大有启发。从这个角度上讲，任何一位正在进行"知识输出"或"信息传播"的人，如果能读读家博老师的这本书，岂不是意外的收获和路径的调校。

本书让我产生最大共鸣的两章内容是第九章的"构建知识体系"和第十章的"如何选书"。书中关于"全局意识""目标意识""个性化""动态调整"和"善于学习"的阐述，对教育者和学习者而言都是一次全面的提醒。作者当初偶遇《快速阅读》，后来为了教学精读《系统科学大学讲稿》，这些做法都可以成为传授经验的基石。在"初步构建""完善体系"和"阅读起点"（编著本书的缘起）部分提及的十本书，不仅是作者逐步成长和面对学生真诚分享的方法，也是我们作为读者可以循此路径学习和提高的经验和财富。针对"如何选书"，家博老师特别提到了"多逛实体书店和图书馆"，这不仅是一种经验的传递，更是一种生活方式的呼唤。通过"追随兴趣""实用导向""师友推荐"和"循书找书"等方法，作者带领我们进入阅读这个美妙的世界，并且从中受益。基于我自己的研究和实践经验，在此回应家博老师两种"古典"的阅读方法，一个是调动五感的"诵读"，另一个是针对经典中的名句或名段的反复"默想"，这其中的甘甜和愉悦、深刻和持久也是我"爱上阅读"的宝贵体验。

我所就职的"新艺术教育研究院"推出的《2020年给中小学艺术教师推荐的100本阅读书目》已经交付出版。"新教育实验"的发起人朱永新先生作为丛书主编坦言："这是一项已经开启了5年的阅读研究项目，也是一项旨在为中国中小学师生提供一个走进所有学科的系统书目。"我有幸作为执行主编参与其中，并且主要推动专家论证会和带领广大师友一起进行书籍导读，由此读了这本《如何爱上阅读》才会产生上述的体会，是何等地深切，想必大家也能够体会！

家博老师在书中还讲到了自己在"爱琴海单向街"撤店时买到的《最后的演讲》和《如何再次拿起书》对其读书之路的开启的帮助。而对于"为什么人们只知道刷手机、打游戏、看无聊视频无益"这个问题，他在书中告诉我们，在生活中如何巧妙使用手机，通过读车牌、广告牌进行阅读练习，以及通过类似滑雪、骑车的生动比喻和成功经验，带我们走进阅读世界。在这里，阅读不是一条充满荆棘的苦修之路，而是一步一个台阶，一层一种境界的切实提高之路。当今世界，面对社会商业化、资讯娱乐化、时间碎片化、智能手机和互联网的功能泛化，人们更需要一种行之有效的方法来阅读。

古语云,"不可一日无书",这正是今天需要每个人重新面对和思考的"大事情"。这不仅是对自己,也是对孩子的成长,更是对整个世界的丰富认知,是人类需要守护、建设和传承的智慧财富和精神家园。愿大家都能从读书中受益,也愿大家在漫漫读书路上都少走弯路,爱上阅读!

谭 秦

教育学者

独立艺评人

新艺术教育研究院副院长

自序

天下第一好事便是读书。

书，是知识和信息的载体，帮助人们认识世界，学习技能，增长见识，提升修养，消遣娱乐，等等。书是一种特殊的工具，凡是工具，就有其特定的使用方法。用得好，效果好；用得不好，事倍功半，浪费了工具，也浪费了时间，结果说读书无用，冤枉了书。

书，作为工具，也有其高效使用方法，即高效阅读技能。

我们都知道书的价值，但对很多人来说，书只是在上学期间不得不看而已，因为上学的另一种说法叫"读书"。但这种读书是狭隘的，读的是教材，选择少，以学习知识为主。离开学校后，对很多人来说最大的快乐就是再也不用看书了，因为上学读的大部分书都伴随着考试的痛苦，还有一部分书是自己不喜欢的。

在上学期间，老师教的读书方法很少，说得最多的就是"认真读，一个字一个字读"，"书读百遍，其义自见"。上学时，阅读多是在语文课上进行，以考试为目的，人们通常认为只要识字就可以阅读了，不知道阅读还有方法，也没有经过训练。很多人就这样读了一辈子书，最后也没明白自己为什么不喜欢读书，错过了很多与书结缘的机会。

有些人知道阅读有方法，也主动学习过如何阅读，但没学会，原因有多方面，有方法问题，也有态度问题，但归根结底，是对阅读过程的认知问题。

如何爱上阅读

我也是这两年，才真正意识到书的好。以前也知道书好，但都是听别人说好，对书的评价最著名的莫过于"书中自有黄金屋，书中自有颜如玉。"但书到底哪里好，如何好，我是不知道的。我买过很多书，仅限于买了，没读几本，有时一年也读不完一本。很多书只是翻了几页，更多的是用来装点门面，浪费了钱也浪费了宝贵的空间。

"书读百遍，其义自见"，这在书籍很少的时代适用。但现在，知识不断积累，每日产生的信息量大而庞杂，导致每一个人要阅读、可以阅读的内容也越来越多。同时与阅读争夺注意力的新事物也越来越多。这就产生了新问题——如何对阅读产生兴趣，如何在有限的时间内，阅读更多的内容，也就是高效阅读。

曾经，我只是书籍的消费者和搬运工，看的书很少。偶然的机会，自学掌握了快速阅读的技能，一个月读完了十本书。接下来，就像一个刚学骑自行车的人，由跌跌撞撞到瞬间就能顺畅骑行，从此不再觉得骑车是难事，想去哪里就去哪里一样，现在想要读什么就读什么，随时随地可以看书，也看得进去书，对书不再犯怵；书里的知识也用得出来，每一本书都有用，都能够带着我深入思考，也能够帮助我解决现实的问题。

至此，我才真的体会到书的好。

我和那些天生的阅读高手是有区别的，曾经我也是低效阅读者，一年也读不了几本书。有些阅读高手，仿佛不用学习，就会高效阅读。问他有什么高效阅读方法，他会像看外星人一样打量你，好像在问"这还用学吗？"他们通常会把这个能力归于天赋。

没有掌握阅读方法之前，我也认为阅读需要天赋。和很多人一样，我之前看的书很少，更谈不上有阅读的习惯，也从来没想过为什么看不进去书，更不知道阅读也有方法。从不会看书、不喜欢看书到喜欢看书，再到爱上阅读，纯是偶然。现在看来，只是巧遇了可以快速阅读的书，采用了正确的练习方法，掌握了高效阅读的技能，从此与书结缘相伴。

在《刻意练习》里，作者说只要是技能，就可以通过刻意练习的方式达到高水平。虽然是在掌握了阅读方法之后，才看到的这本书，但回忆起来，自己练习的过程就是一个刻意练习的过程。我自己的经历说明一个简单的道理——阅读就是一个技能，只要正确练习都能学会。

我的经历可以帮助很多人，因为我曾经是不读书的。但读书这件事，即使是不读书的人，对读书也很向往，可是又读不进去。有的人有意识练习过，却又没练会，这些过程中的问题可以用一个"懂"字来形容！

阅读，不仅仅是识字看书。阅读包括识别、理解、记忆和应用这四个方面。阅读过程中，每一方面均会有普遍共性的问题，影响阅读效果，本书就是希望帮助大家解决这些问题，实现高效阅读。

本书首先分析了为什么阅读这么难，帮助我们找到不阅读的根源。再从系统角度对书和阅读进行分析，找到开启阅读的方法。要掌握高效阅读的技能，正确的练习必不可少，这决定我们能否掌握该技能。所以在练习开始前，本书先介绍如何刻意练习，帮助大家建立正确的练习观。接下来具体讲解了如何掌握高效阅读技能，包括如何提升阅读速度、如何理解、如何记忆和如何应用。掌握该技能后，我们可以实现读得快、读得完、记得住、用得着的阅读目标。最后，向大家介绍如何通过阅读构建知识体系，通过知识体系的构建，将阅读所学的知识与实践结合，加强对知识的理解、记忆和应用。此外，书中还分享了一些选书的经验，供大家参考。

这本书的目标读者是：想阅读，却不知从何开始的朋友；想通过阅读来学习，快速提升自己的人，如在校大学生，初入职场的年轻人；还有那些阅读过，又放下，希望再次拿起书的人；正在通过看书复习，准备各类考试的人；不知道自己喜不喜欢阅读的人。

　　希望通过本书的内容，让大家掌握高效阅读技能，开启大量阅读，爱上阅读之旅。

　　在本书写作过程中，李幸呈、姜鹏飞等朋友给我提出了宝贵的建议，在此表示感谢。还要感谢我的家人，让我有时间静下心来专心写作，谢谢你们。

　　因本人能力有限，书中难免会有不当之处，恳请读者不吝批评指正，不胜感激！

目 录

推荐序

自 序

第一章

为什么爱上阅读这么难

一、什么阻止我们爱上阅读 / 003

二、影响阅读的其他因素 / 006

三、愉悦感,阅读的起点 / 007

四、如何获得愉悦感 / 010

第二章

书和阅读都是系统

一、什么是系统 / 014

二、从系统的角度来看待书 / 016

三、阅读也是一个系统 / 021

第三章

先学会刻意练习再练习

一、像小学生一样练习 / 028

二、偶遇《刻意练习》 / 030

三、纠正三种错误思想 / 032

四、如何通过刻意练习提升阅读技能 / 033

第四章
提升阅读速度

一、上手 / 047

二、快闪 / 049

三、意义组块 / 050

四、闭嘴 / 060

五、少回 / 061

第五章
全景阅读

一、什么是全景阅读 / 066

二、全景阅读的结果 / 080

三、全景阅读的注意事项 / 082

第六章
阅读理解

一、我们靠什么理解 / 084

二、如何提升理解力 / 086

三、理解的表现 / 094

第七章
阅读记忆

一、阅读记什么 / 098

二、如何记忆 / 100

三、阅读需要复习吗 / 108

第八章
阅读应用

一、阅读的过程之用 / 114

二、阅读的结果之用 / 115

三、我的阅读应用 / 128

第九章
如何通过阅读构建知识体系

一、什么是知识体系 / 136

二、知识体系是如何构建的 / 138

三、如何通过阅读来构建知识体系 / 140

四、高效阅读体系的构建 / 142

五、我的绘画学习体系 / 147

第十章
如何选书

一、追随兴趣 / 153

二、实用导向 / 154

三、信任的人推荐 / 155

四、多逛实体书店和图书馆 / 157

五、读过的每一本书都会给予指引 / 159

六、关于译著的选择 / 163

七、一切都是最好的安排 / 164

参考文献 / 167

第一章

为什么爱上阅读这么难

毛姆说:"阅读是一座随身携带的避难所。"

斯蒂芬·金在《写作这回事》里说:"你永远都不知道什么时候会需要暂时逃离:也许是在你排在收费站的队伍长龙里时,你也许得在某幢大学楼的大堂里等导师出来,给你签名准许你退课。你也许在机场等候登机,下雨天的下午在自助洗衣店里等洗衣服洗好。还有最糟糕的一种可能,你在医生诊所里,而那个家伙看得太慢,你得等上半个钟头,才能轮到你让他在你敏感不适之处捣弄一番。在这样一些时候,我总觉得书就像一根救命稻草。"

估计等导师签名退课的人极少,但其他场景很常见,尤其是各种排队,经常考验人的耐心。我每天都携带一本书已经成为习惯,在那些让人烦躁的时刻,这些书也是我的救命稻草,阅读让我能够随时进入到书中安静恬美的世界。

在 2016 年之前,我几乎不读书。不是我不想读,我也想读,也买了很多书,不是我没读过,读过几本,最后都不了了之了,没有读完过。2016 年 10 月的一天,我还是不吸取教训,要买书,结账时系统推荐了一本《快速阅读》,忍不住买了。就是这本书,开启了我的阅读之路,从一开始一个月十本书,到后来自由阅读,各种机缘巧合,让我逐渐爱上阅读,阅读成为生活。

我发现想阅读的人很多,但他们无法爱上阅读。这让我开始思考,爱上阅读难吗?

阅读难吗?不难,只要上过学的,识字的,都能阅读。

爱上阅读难吗?难,一年只能看三四本书,有很多人一本也看不完。

是啊,识字就可以阅读,有什么难的?阅读之难在于不会,不是不能。

一、什么阻止我们爱上阅读

下面来看看到底是什么将我们拦在爱上阅读的门外。

1. 一本书看了四个月

2016年初,我看了宣传买了畅销书《人类简史》,特别期待读这本书。每日上下班都随身携带,但结果与期待的差距较大,让人沮丧。一个朋友看了书的封皮,问我看了多少遍,把书都看成这样了。很惭愧,我看了四个多月,看了不到全书的四分之一。因为在包中背了很长时间,封皮已经被磨烂了。

那这本书我是怎么看的呢?回想当时阅读《人类简史》的过程……

中午,吃完午饭翻开书,从第一部分"认知革命"第一章"人类"第一节"一种也没有什么特别的动物"开始,一个字一个字默念起来:"大约在135亿年前,经过所谓的'大爆炸'之后,宇宙的物质、能量、时间和空间才成了现在的样子。"过一会儿,手机振动提醒有消息,拿起手机一看是朋友发的微信消息,要一起去打球。于是,我把书折了一个角,放下,走了。10分钟,看了5页。

晚上乘地铁回家,路程一小时左右。上了地铁,手里拿着书,耳朵里全是周围的聊天声,再加上地铁晃晃悠悠的,没看几眼,到站了,给人一种上进好学的形象。只有自己知道一页也没看完,周围也没有认识的人,不知道装样子给谁看。

过了两天,再拿起书,翻开上次折的地方接着看。发现有点忘了之前看过的内容,又往回翻了翻,才明白怎么回事,接上了。读着读着,脑子不听使唤了,眼睛看着书,脑子里想的是怎么去处理下午那个棘手的事，一会儿又想起来昨天看的电影里的情节，回味了一下精彩的片段。过了一会儿，突然意识到走神了，赶紧收回来。

接着往下看，发现有一句话不太理解，反复琢磨，也没弄明白。继续往下看，又总觉得刚才那个地方不懂，耿耿于怀。就这样，断断续续，反反复复，用了四个多月的时间看了 105 页。这个过程中，进展缓慢，当我自己意识到的时候，吓了一跳。要不是在练习快速阅读的时候，作为练习书使用，估计我就不会再看这本书了。

2. 影响阅读的因素

回顾阅读《人类简史》的过程，有一个影响阅读的关键因素：逐字默读。这会导致读得慢，阅读过程碎片化，缺乏对书整体的认识，进而影响理解和记忆，无法获得愉悦感。

理解，是指看到文字后，我们提取大脑中已经储存的文字所代表的意义，并把其组合成一个新的更大的意义的过程。

理解一个句子时，要提取一整句话的意义。看完每一个字后，需要将这些单个字组成一个整体，再来提取这个整体的意义来理解。对于比较简单的短句，这个组合的过程我们觉察不到；一旦遇到较长的句子，我们需要回读，小心翼翼组成一个整体来帮助理解。

理解一个段落时，靠的是提取大脑中组成这段话的所有句子以及前后段落的意义，进行组合。对篇章的理解，是靠所有对段落的理解来完成的。对整本书的理解，靠的是对全部篇章的理解完成的。

我们经常说的断章取义，便是脱离上下文，曲解原文的意思。

碎片化会造成对整体内容的分割，时间的间隔会造成遗忘，尤其是章节之间，在大脑中无法形成一个有意义的整体，从而影响理解。

一气呵成看完，对上下文的内容记忆清楚，这样更容易构建一个整体的意义，帮助我们从整体上更好地理解把握。

当然，在强调整体的时候，不是说单个词不重要。要想对单个词理解得更好，也需要放到整体之中。

3. 逐字默读有什么问题吗

逐字默读导致阅读速度慢，使阅读的内容碎片化，不易获得整体的意义，造成理解困难。

上学时老师教育我们，阅读时要认真，一个字一个字地看清楚了。这在中小学时是可以的，但成年以后阅读大量内容时，就有点不适用了。一个字一个字默读会导致速度很慢，以正常的语速念出来或者默读时，一分钟可以看300字左右，而阅读速度快的可以达到一分钟1000字以上。

速度慢，单位时间的阅读量就小。如果每次阅读的总时长差不多，比如一次阅读1小时，每分钟阅读900字，暂不考虑停下来思考的时间，1小时可以读54000字。如果阅读速度为每分钟300字，那么读完54000字需要3小时。也就是说，如果每次阅读时长一样，阅读速度快的人一次能读完的内容，对于阅读速度慢的人就得分三次才能读完。这样就造成了不必要的碎片化，会影响阅读理解的效果。

最理想的阅读是一口气读完一本书，中间每多一次间隔，就有一段时间空白，就会加剧碎片化。我们每次阅读的时间可能不会那么长，再考虑停下来思考的时间，实际上能一口气读完的书很少，阅读完一本书需要分很多次。

读得慢还会让大脑走神，做白日梦。

大脑处理信息的能力很强，超过了我们的想象。

《快速阅读》中写道："从神经学的角度来讲，人脑每秒钟有意识处理的信息量约为126个神经比特,潜意识的工作速度甚至高达10亿个神经比特/秒。如果以平均阅读速度200字/分钟来计算,就相当于每秒处理40个神经比特的信息,这意味着大脑每秒钟都有高达80个神经比特的空间未被利用。或许你会认为这是件好事。大脑有了空闲不是正好可以休息一下吗?其实不然。人脑是一台异常勤奋的计算机,一旦出现资源过剩的情况,它就会在后台自动调用空闲的资源来处理其他信息,也就是我们先前提到的白日梦。"

打个比方,大脑是一个有126个工人的工厂,逐字阅读时的输入量是200字,只够40人来加工处理,其他86个工人没活干。但这些没活干的工人不会去休息,他们会自己去找点事干,比如想想晚上吃什么饭,明天看什么电影,等等。这时就会出现走神溜号、做白日梦的现象。

阅读的速度慢,输入的信息量小,让大脑有机会一会儿处理书上的信息,一会儿处理其他信息。当阅读速度提上来以后,走神溜号、做白日梦的情况会明显减少,每次都能够快速进入专注的阅读模式。

逐字默读,会使阅读速度慢,影响整体理解,结果就是很难看完一本书。一本书看不看完倒是无所谓,但如果总是进展缓慢,总看不完,就会在心理上造成压力,对自己产生怀疑,觉得自己没有这方面的天赋,做不了这事。久而久之,就会对读完一本书失去信心,慢慢地对阅读也会失去兴趣。

二、影响阅读的其他因素

影响阅读过程和结果的还有其他因素。

读的书不适合。因为自己知识储备和经历不足,难以驾驭要读的书,所以理解不了。有些领域经过多年发展,形成了一些专业术语，对刚接触这个领域的人来说，可能很陌生，常常会不知所云，无法理解。经常会出现这样的情况：别人都说那本书好，但自己就是看不懂，也没兴趣；别人觉得很深刻，很有道理，但自己觉得很平淡，甚至有时候会觉得作者在胡言乱语。

阅读的时机不对。有时当下对书里的内容没有感觉，等经历了一些事情之后，对书上的内容又有了新的感悟。很多人为了提高阅读能力，都买过《如何阅读一本书》，这从各大平台的销售量就可以看出来。我也买过，而且买过两本。买第一本的时候，看了几页没看下去，就送人了。当时觉得要这么看书，得累死。

后来，因为要分享阅读技巧，要做些准备，又买了一本。这时候阅读的目标明确，也掌握了阅读的方法，阅读的过程很顺畅，看了一遍又一遍，有很大的收获。同样一本书，第一次看的时候，挫败感很强，甚至对阅读产生厌烦，觉得自己永远也达不到书里要求的那样。第二次看的时候，不仅很快看完，而且找到了自己想要的内容，当然也并不全部认同书里的内容。

逐字默读除了会造成阅读内容的碎片化，影响理解之外，也会导致读完之后的记忆和应用效果不好，会影响获得愉悦感。

以上这些情况好像是为阅读新手专门设置的障碍一样。如果不清除这些障碍，阅读的路不会很顺畅，受挫感会越来越强，不仅没有办法在阅读的路上欣赏书中的风景，原来仅有的那一点点小火苗，也会因为逐渐丧失阅读的信心，慢慢被浇灭。

三、愉悦感，阅读的起点

你喜欢阅读吗？

一部分人是知道自己喜欢的，每天沉浸于书中，享受阅读，不可一日不读。随身携带一本书，地铁上，飞机上，旁若无人，沉浸书中。如果你仔细看，他可能一会儿屏住呼吸，神色凝重，再过一会儿，长出一口气，会心一笑。周围世界或喧嚣嘈杂，或空虚无聊，跟他都没有关系，他仿佛身处在另一个世界。

一部分人，是不知道自己是否喜欢的。

有人说我是真不喜欢，上学的时候最不喜欢上的课就是语文课。分析中心思想，背诵课文，很痛苦。这样想的人不在少数。提起阅读，他们脑海里浮现的是枯燥乏味的语文课，或者是那总也读不完的大部头，虽然被冠以世界名著，但却不知道好在何处。他们觉得阅读是上学时做的事，毕业之后，只要不看书，比什么都高兴。

还有一部分人，阅读过，也会经常买书，只是后来放弃了，没有让阅读成为习惯。在一次课前调查中，我问学生们"你为什么阅读"，有很多学生回答"娱乐""打发时间"，竟还有人回答"催眠"。有时候他们花两个月，断断续续地读完一本书，只是读完了，没觉得有什么特别。

这些还不知道是否喜欢阅读的人从没有真正体会到阅读的乐趣，更没有感受到阅读的力量。

你平时喜欢做什么呢？

我喜欢打球、喜欢看电影、喜欢逛街、喜欢做志愿者、喜欢阅读……每个人都有很多喜欢做的事。为什么喜欢呢？因为做这件事让我开心、愉悦，做这件事让我有成就感，让我觉得做这件事有意义。

当我们可以选择做什么的时候，我们会选择做让自己感到愉悦的事情。更高级的成就感、意义，是更大的愉悦感。像登山、航海一样，这些要付出无数的艰辛，甚至付出生命的事，会带来更大的愉悦感。

对这些能带来愉悦感的事，我们会投入更多的时间去做，做的过程也会更专注认真，这样就会做得越来越好，这个时候就发展成了兴趣。兴趣所在即是愉悦感所在。

当下，获得愉悦感的方式很多。人们不需要像攀登一样，花很长时间，用很大精力，就能够轻松获得愉悦感。即使这种愉悦感只存在于过程之中，对成长和提升帮助不大，但因为容易获得，让人沉迷其中。

是否喜欢阅读，是由能否感到愉悦决定的，愉悦感是阅读的起点。

阅读的愉悦感有别于其他活动带来的愉悦感。阅读的愉悦感来自两个方面，一是阅读的过程，二是阅读的结果。在阅读过程中有愉悦感，在阅读之后很长一段时间，甚至终生都会有愉悦感，一直发挥作用。

阅读的愉悦感主要表现为以下几个方面。

一是能够看进去。所谓看进去是指那一刻进入心流状态。心流是最佳体验，也就是那种全神贯注、投入忘我的状态。当阅读很投入时，我们感觉不到时间的存在，看着看着，不知不觉一个下午就过去了。合上书的那一刻，会有一种充满能量，并且非常满足的感受。

二是能够看完一本书。不是每一本书都需要看完，但如果能够看完，会带来一种成就感，这种成就感来源于格式塔心理。我们对于圆满完成一件事很看重，看完了一本，与看了一本但没看完，在心理上还是有很大的区别的。就像跑马拉松，一个人跑得很慢，但也在关门前完赛，另一个人跑得很快，但在跑到40公里时退赛了，两者的感觉是不一样的。

三是能够理解书上的内容。也就是常说的读懂了。阅读时，知道作者说了什么，怎么说的，说的有没有道理，对自己有什么启发,能够用自己的知识和经历进行解释。

四是能够记住一些内容。能够回忆整本书大概的内容,记住几句书中典型的话,一个故事,或者自己的理解和感悟。恰当的时候能够向别人分享,在用到的时候能够回忆出来。

五是有用。对学习、工作和生活有帮助。通过阅读解决生活、工作上的难题,解决心理上的困惑,更好地认识自己,认识世界,找到属于自己的人生方向。

大部分阅读新手通常是读不进去,读不完,不理解,记不住,不会用。阅读过程中根本没有愉悦感,阅读之后也没有收获。

四、如何获得愉悦感

日本棒球球星桑田真澄先生曾经说:"教别人打棒球不是为了把每个人都培养成职业棒球选手,而是希望让更多人体会到棒球的乐趣。"

很多事的愉悦感初学者无法体验到,只有达到一定的水平才能够真正体会到乐趣。在没有乐趣之前,很多人是靠着对未来确定的期待而坚持下去的,他们坚信:"只要苦练一年,就可以达到顶尖水平。"也有一些人因为长时间没有愉悦感而中途退出。

阅读也是一样。

但,凡事总要有一个开始,从第一次尝试开始。如果初次尝试就能感受到愉悦,就可能会继续投入。也有刚开始做不好的,但是听过别人的分享,学习别人的经验——只要经过练习就可以做得好,这时我们可能会放下对当下愉悦的需求,转向对未来愉悦的期待,开始努力练习。

2016年以前,我也不知道自己喜不喜欢阅读。更准确地说是知道自己想阅读，但没读进去过，更不要说爱上阅读，享受阅读。大学四年到毕业后的七八年内，很少阅读。虽然在高校工作，教师一次可以从图书馆借十本书。但对很少阅读、对书也没什么兴趣的人来说，图书馆更像一个神圣的地方，是可有可无的存在。那几年我也因冲动买过一些书，无论是言情小说，还是历史哲学，阅读过的很少，更不要说读完了。在 2017 年搬家的时候，发现很多书外面的塑封还没有揭下来，没有塑封的因为下雨，房间进水，泡过之后已经无法再看了。

后来，因为偶然间掌握了高效阅读技能，又有了一系列外在的力量将我向阅读的领域推进，我对阅读有了更多的学习和体会。我觉得很遗憾，大学时期和没有结婚成家之前是最好的阅读时光，可惜那时不会阅读，没有体验到阅读的乐趣，让最好的时光一去不返；同时，我也很庆幸，竟然还能够与书结缘，没有一直擦肩而过，后半生有书陪伴，也是意外的幸福。

以前知道阅读好，但我好像离阅读总有一些距离，阅读显得可有可无。后来我发现，不多读几本书，是永远也无法体会到阅读到底有多好的。即使这种"好"天天贴在宣传栏里，挂在马路边，我们也无法感受。真正的好需要自己去体会。因为阅读就是个技能，能不能爱上使用这个技能，主要在于技能水平的高低。同样的事情，水平高的，做起来更会有愉悦感。

只要是技能就可以通过练习来提升。和其他技能类的活动一样，阅读也需要一定的训练，达到一定的水平之后，就能够帮助获得愉悦感，并逐渐爱上阅读。

随着阅读越来越多，我慢慢地爱上阅读，逐渐达到一种上瘾的状态，也就是《积极上瘾》中说的积极上瘾。每天无论早晚，我都会阅读上一段时间，随时能够进入到书中的世界。有时候我会翻翻以前读过的书，找找新的体会。没事的时候我更喜欢逛逛图书馆和书店，看到有什么新书，也都好奇地去了解一下，遇到喜欢的就买下来，买书已经成了我除生活必需品之外最大的消费了。

酒精、毒品上瘾也能带来愉悦感，但这是消极上瘾，虽然能帮助人们逃避生活中的不顺心，但不能帮助解决实际问题。而阅读带来的积极上瘾，不仅可以带来愉悦感，而且无害、可持续。

《积极上瘾》中介绍了可以实现积极上瘾的活动形式，包括六个标准：

① 非竞争性的事情，每天大约可以投入1小时。

② 简单不费力的。

③ 能够独立完成，也可以跟少数几个人一起完成。

④ 对身体或精神有一定价值。

⑤ 相信自己坚持下去就会提高（主观的，因为自己是唯一能够做出评价的人）。

⑥ 过程中不要自我批评，将那些批评放在可以改正的活动上。

阅读不就是可以达到积极上瘾的活动形式吗，而且是非常好的形式！《积极上瘾》中主要介绍了跑步和静坐这两种积极上瘾的形式。我现在把阅读也加入积极上瘾的活动形式中。

《积极上瘾》中写道："消极上瘾者完全为了自己上瘾的事物而活，对其他事物毫不在意，而且对这样的生活很满意；积极上瘾者与此不同，他们利用那些额外力量去获得更多的爱、价值、愉悦和意义。概括来说，就是获得更多对生活的热爱。"

我对这段话很有感触，阅读能够让我们获得力量，获得更多对生活的热爱。从前不怎么阅读，一看书就犯困，现在爱上阅读，我想我能做到，大家都可以做到。

爱上阅读并没有那么难！

第二章

书和阅读都是系统

记得有一次，我与我的老师王明明如约见了面，聊了聊近况，聊到了读书，我汇报了一些在阅读上的收获。我说完之后，老师说"阅读也是一个系统工程"，还说了一些他的心得。从老师办公室出来，他说的其他话不记得了，"阅读也是一个系统工程"这句话一直在脑子里回响。我们常说教育是一个系统工程，生态治理是一个系统工程，现在说阅读也是一个系统工程。那到底什么是系统工程呢？

为了弄清楚这个问题，我去了图书馆，找到了一本《系统科学大学讲稿》，作者是苗东升老先生。这本带有科普性质的系统科学书，通过深入浅出的语言，讲述了系统的定义、特征和系统科学的进展。读完之后，发现虽然我知道系统这个词，但对系统内涵却一无所知，平时使用"系统工程"这个词的时候，也是照猫画虎，并不知其所代表的是什么。这本书让我全面了解系统的基本知识，也对系统有了新的认识。随着阅读的深入，也逐渐地体会到系统科学的博大精深。

有时候也在想，如果每一个使用系统这个词的人都能深刻理解系统的内涵特征，真正地从系统视角看待问题，那我们的很多问题会处理得更好。希望每一个人都能深入学习一下系统科学。

一、什么是系统

什么是系统呢？

先来看一个大家熟知的故事——《盲人摸象》。

在古尔（Ghor）城旁边，有一座城市，城里的居民有不少是盲人。有一次，国王及其随从车队经过这里，在城市边上安营扎寨。据说，国王骑着一头大象，令国民十分敬畏。

所有人都期盼着能够看一看这头大象,就连城里的一些盲人也随着疯狂的人流涌向国王的营地,去看大象。

他们当然看不见大象长得什么样,只能在黑暗中摸索,把一片片凭着感觉得到的信息拼凑起来。

每一个盲人都认为自己是对的,因为他们都对大象的某一部分有着真切的感觉。摸到大象耳朵的那个盲人说:"大象是一个很大、很粗糙的东西,宽阔而平坦,就像一块厚地毯。"

摸到大象鼻子的那个人说:"你说的不对,它就像一个直直的、中空的管子,很可怕,很有破坏性。"另外一个盲人摸到了大象的腿和脚,他说:"大象是强壮有力的,很结实,就像一根粗柱子。"每一个盲人都真切地感知到了大象身体的一个部分,但他们的理解都是片面的……

这是一则古老的寓言故事,它告诉我们一个简单却经常被忽略的真理:不能只通过了解系统的局部来认识系统整体。

在这个故事里大象是一个系统,由鼻子、耳朵、身子、腿等组成的一个整体。但我们不能像盲人一样,只通过鼻子、耳朵、身子、腿这些单独的组成部分来认识大象,而是要看到这些个体组成的整体是什么。

为什么不能够只通过这些组成部分来认识大象,大象和书又有什么关系呢?我们来看看系统科学中给出的关于系统的内涵。

《系统科学大学讲稿》中,苗先生以贝氏(贝塔朗菲,系统科学概念研究的开先河者)的说法为基础,给出系统的基本定义如下:两个以上的事物或对象相互关联而形成的统一体,叫作系统(其中,事物、对象、统一体是不加定义的元概念)。因相互关联而被包含在系统中的那些事物或对象,叫作系统的组分,简称组分。

那都有哪些是系统呢?"我们周围存在各种各样的系统。一本书，一列火车，一个教研室，一个城市，甚至一首诗都是系统"。"春眠不觉晓，处处闻啼鸟，夜来风雨声，花落知多少"是 20 个普通的汉字，经孟浩然运用形象思维加工创造，按照中国格律诗的规则整合起来，就产生了千古传诵的五绝《春晓》。这是一个极富美感的观念系统，20 个字（有一个字重复）是它的组分。

二、从系统的角度来看待书

凡是系统，就有一些共同的特征，如：功能性、整体性、结构性、层次性、迟滞性，等等。例如，每个系统都有特定的功能（或者目的），这个功能是通过整体涌现出来的，表现出其单个的组成个体所不具有的作用。如《盲人摸象》的故事中，耳朵、鼻子和腿无法代表一整只大象。系统还具有一定的结构，这个结构决定了系统的行为（或表现）。

书也是系统，也具有系统的特征。

1. 每一本书都有特定的功能

书的功能就是书的主题。每一本书都有一个主题，也就是作者写作的目的。作者可能是为了解决某个问题，也可能是为了介绍一个新的发现，介绍某一类事物，或者讲一个故事，具有特定的目的。

比如产品说明书，告诉我们如何使用这个产品。类似产品说明书这样的书籍有很多，比如《学习之道》告诉我们怎么高效学习、《刻意练习》通过大量的观察和实验，告诉我们如何通过刻意练习的方式将技能提升到较高水平。这类实用性书籍告诉人们做某事的具体方法、规则或步骤，告诉我们该如何行动。

另外，虚构类的小说、戏剧、诗歌，也有特定的主题，帮助实现作者其目的，比如反映现实生活的苦难，寻找生命的意义，等等。

2. 每一本书都是由意义组块构成的整体

　　文字是人类发明的符号，用来指代特定含义的事物和行为活动，得到了人们的共同认可，人们使用这些符号来传递意义。随着人类认知的发展，逐渐发明了很多指代抽象概念的词汇。但总体来说，这些文字符号数量有限，常用汉字5000个左右，常用英文单词4000个左右。人们再用这些字组合成更复杂的词语系统，每个词又代表着特定的一个或者几个含义，词语又组合成句子系统，表达更准确的意思，继续发展下来，句子组合成段落，段落组合成文章，文章组合成书。

　　这些基本的字词是一定范围内的人们共同认可的，当一个人说一个字的时候，另一个人知道说的人指的是什么。这个所指的是已经存储在大脑中的意义，多个字组合在一起时就构成了表达一定意义的组块。通过这些意义组块，我们提升了沟通的效率，促进了人类的发展。

　　字词组块组合成句子等更大的意义组块之后，发挥的作用更大。如"面"和"包"两个字，组成"面包"——一种用面粉做的食物。光有"面包"两个字，还不知道要表达什么意思。当"面包"与"我""做"结合起来，组合为"我做面包"，与"我""买"结合起来，组合为"我买面包"。两个组合比较起来，仅仅是一个字不同，却有很大差异。一个是自己劳动，一个是交换，这两个组合在我们大脑中呈现的意义组块也不同。"我做面包"意义组块是：我面前放着一袋面粉，旁边有一个面包机。"我买面包"意义组块是：在面包店里，我拿着钱包，站在货架前，货架上摆着刚出炉的面包。

由此可见，意义组块越大，表达的意思范围就越小，意思就相对更加具体和准确。

我们根据想象进一步组合，可以由面包变成一个制作面包的指南书，也可以写一篇关于温饱问题的短篇小说，还可以写一篇研究粮食生产的报告，这样"我买面包"和"我做面包"又成了另一个更大整体的一部分。

我们在书上看到的文字，像"面包"一样，本身是一个意义组块，都处于一定的意义组块之中。这些意义组块可能是画面、可能是声音，也可能是各种感觉。这些都来自于我们之前对世界认知的结果——学习到的知识，自己亲自做过、看过或听过的事等。这些小的组块会根据表达的意义需要，组合成更大的意义组块。当组成一个段落时，表达的就是这段的主旨，当组成一本书时，表达的就是这本书的主题。

3. 每一本书都有一定的结构

史蒂芬·平克说，"写作之难，在于把网状的思考，用树状的结构，体现在线性展开的语句里"。每一本书都是由大量文字按照一定的结构组合而成的整体，结构体现作者的思路，帮助作者实现其目的。

书的结构，不像房子的结构直观，立体感强。但每一本书都有其特定的结构，这种结构有时候很直观，有时候暗含其中，不易察觉。宏观来看，每一本书目录的章节安排就是其结构。这些章节按照一定的逻辑排列，共同支撑起全书的内容，就像房子中的七梁八柱——架子。架子搭起来之后，就要按照架子确定的位置，往里填充内容。这个结构也是一个指路牌，明确地告诉读者，每一部分的功能是什么，前后的关系是什么。

微观来看，书中每字、词和句子的意思，是由笔画、字和词排列结构决定的。同样的笔画因结构不同，成为不同的字，表达不同的意思。例如"土""士""干"，笔画一样，意思不同。再比如"大好人"，同样几个字，因组合的结构不同而意思不同，可以是"大好人""大人好""人好大""人大好""好大人""好人大"等六种意思。

4. 每一本书都有一定的层次

在每本书的写作构成上，都被分成了章、节、段、句子等层次，每一个层次的内容都是上一层次的子系统，帮助上一层次实现其功能。几个句子构成了一段话的意义，几段话构成了一节的意义。层次是否清晰决定着其上一层次的功能能否实现。也决定着读起来是否顺畅，读者能否很好地理解作者的意图，与作者达成共识。

5. 每一本书都有一些关键组分

每一个系统，包含一定数量的要素——组分，这些组分按照一定的结构和层次组成了整体，从而呈现出单个组分不具备的整体功能。这些组分中，有些要素起着关键作用，不能缺少，或者不可替代，我称之为关键部分。有些起辅助作用，可有可无，可以更换。

很多书中，作者会提出一些新的概念，或者使用大量的专业术语，这些概念或者术语就是这个系统中的关键组分，起着决定的作用。比如《黑天鹅》中的黑天鹅、概率、随机性，等等，一些关键的概念贯穿一本书的始终。

关键组分有时候就像路上的障碍，不把这些障碍解决掉，就无法继续前进。在读一个新领域的书时，会遇到很多新概念，需要先深入理解这些新概念，否则会影响阅读过程中的理解。

哪些是关键组分？关键组分与书的主题内容相关度较高，会在书中频繁出现。例如,在《规模》一书中,关键组分是规模、系统、指数增长、非线性等。关键组分,可能是作者要重点说明的内容,也就是书的主题,比如规模。也可能是对作者的论证起重要作用的内容,比如指数等。

需要特别说明的是虚构类书籍和非虚构类书籍在以上的结构、层次、关键组分方面表现不同,这里主要以非虚构类书籍为主进行介绍。

我们将以上从系统视角看到的书用思维导图的形式简化表达出来,如图 2-1 所示。通过这样的简化表达,我们很容易看出作者写作的目的,也就是书的功能是否明确,书的结构层次是否清晰。

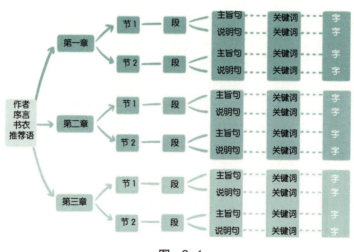

图 2-1

在《系统科学大学讲稿》中,苗先生说,"讲授系统科学的目的,说到底是要人们成为一个'系统主义者',自觉地运用系统观点观察世界,用系统的方法处理问题,用系统思维思考一切,感悟人生。系统科学一个未曾言明的假设是,一切事物都是以系统方式存在和运行的,都可以用系统观点来认识,一切问题都需要用系统方法来处理。"

书作为系统,该怎么读呢?

三、阅读也是一个系统

阅读也是一个系统。

对于娱乐型阅读,主要是以识别为主,最关键的是能看得进去。**对于学习型阅读来说主要由识别、理解、记忆、应用这些部分组成。**

我们以学习型阅读的四个组成部分来说明阅读的过程:这四部分是统一的整体,**识别的过程伴随着理解,二者几乎是同时完成的,只有在极少数情况下,需要花费更多的力气去理解。而理解是记忆的基础,理解和记忆又是应用的前提。**如图2-2所示。

图 2-2

阅读的起点是愉悦感。

对学习型阅读来说,阅读的愉悦感来自看得进去、读得完、理解得了、记得住、用得着。这些愉悦感,就像是从山顶上往下滚雪球,只要开始有了一个小雪球,这个雪球就会顺着山势往下滚,越滚越快,越滚越大,想阻止都阻止不了,最后滚成一个巨大雪球。这个雪球会一直吸引我们的时间和注意力。这就是阅读的力量。

《系统之美》中写道:"在给定的一段时间内,对于系统来说,最重要的一项输入是限制或约束力度最大的那个因素。当一种因素的制约被解除了,成长就开始启动,而成长本身会改变各种限制因素之间的强弱对比,因此,相对最为稀缺的一种因素开始逐渐发挥作用。"

在阅读这个系统里有一个增强回路,影响这个增强回路运行的关键因素是能否看得进去。看得进去书,才能够看到书中各种有趣的故事,有用的知识,看得进去是获得阅读愉悦感的前提。

看不进去,是很多人尝试阅读后放弃阅读的原因。阅读的好处只有看进去才能体会到,看不进去,自然就无法体会到阅读的好处。就像我们知道看书能使人静下心来,但只有静下心来才能看书。

怎么能看进去呢?最关键的就是阅读初期愉悦感的获得。而最初的愉悦感的获得靠阅读速度的提升。

当阅读速度快了,直接结果是阅读完一本书的时间缩短了,我们会有愉悦感,"又看完了一本"。间接结果是阅读内容有了连贯性,获得的整体感强了,促进了对书的理解。随之而来,知识量会增加,进而增强理解和记忆。如图 2-3 所示。

图 2-3

我们阅读的每一本书都在教我们阅读。有了前一本的经验,阅读的技能会有所提升,再阅读时,我们处理问题的能力会增强,进而提升阅读速度和理解力。慢慢地，我们就会像阅读高手一样看书越来越快，理解越来越好。

关于提升阅读速度这一点，《如何阅读一本书》里把它作为小学阶段应该掌握的内容。也许作者认为这是每个人都应该掌握的技能。但事实上，学校的老师，只教我们识字，在大部分人的观念里，觉得识字就可以阅读了，所以没有人专门教过我们阅读，我们主动去学习阅读的也很少，大多数人停留在逐字阅读的状态。

如果没有练习快速阅读，我可能也不会爱上阅读。快速地阅读完一本书带来的信心是极其重要的。相比于以前半年读不完一本书，现在有时一天读完一本书，让我有信心去读完更多的书。现在阅读的时候，先粗略看看，我就知道用多少时间能读完。有了大概的预计时间，就会去寻找这些时间，当空闲一出现时，我首先想到的是阅读，就好像给自己布置了一项任务，这样就会有更多的时间阅读了。

很快地读完书会带来很大的愉悦感，这种愉悦感会激起去阅读更多书的欲望。读得越多，就越知道阅读的价值，就会想要读得更多。

阅读最重要的是理解。提升阅读速度，让我们能看得进去，这是基础，接下来就是理解，这是记忆、应用的前提。提升阅读速度绝对不是为了快而快，速度也是为能够更好地理解提供服务的。

每一本书都是一个连贯的整体，前后有密切的联系。我们快速读完一本书时，因为经历的时间短，对读过的内容记忆犹新，清楚前因后果，所以能更好地获得书的整体感，帮助我们更好地理解和记忆。而阅读速度慢，由于时间间隔长，当我们读到后面时，已忘记前面的内容，人为切断书上内容前后的联系，造成碎片化，影响理解。

从另外的角度看，读完一本书，总会比只看几页要理解的更多，记住的更多。了解了整体之后，再回过去看关键的细节部分，对细节的理解会更深刻，准确。

刚开始阅读时，我们感受不到知识量的增加，从开始阅读到感受到变化有一定的时间延迟。只读了一两本书，很难看到特别大的变化，但读了十本、二十本的时候，变化就非常明显了，所以唯一能做的就是继续阅读下去。

最开始就是依靠能够快速读完获得的愉悦感，推动我们继续读下去。我们看得越多，对文章的写作套路越熟悉，越能够熟练高效地阅读，知识量会不断增大，越能体会到阅读的好处，进而投入更多的时间来阅读。这样形成一个增强回路，我们会越来越喜欢阅读。

随着阅读技能的提升，单位时间内的阅读量会增加，同样的时间我们能阅读更多的内容。随着自身知识量的提升，思考和解决问题能力不断提升，解决问题的效率会更高，这样会有更多的时间来阅读。也会形成正向反馈。

经过时间的沉淀，大量的阅读的好处会像陈年老酒一样，香味慢慢散发出来，让人欲罢不能。最后，书与书融会贯通，书与生活交汇融合。

提升阅读速度是关键，当然也是最不容易实现的，因为要克服的是多年的旧的低效的阅读习惯。当把这个制约因素克服了之后，后面的问题，都会迎刃而解。所以，我将阅读速度的提升作为一项重点内容介绍给大家，并介绍如何通过刻意练习来掌握它。

提升阅读速度之后，也就是我们能够看进去书之后，再要去解决的是理解问题。理解问题解决了，记忆和应用基本也就水到渠成了。这样就可以从整体上提升阅读能力，实现高效阅读，享受阅读的乐趣。

记忆是学习型阅读的关键。记忆也有方法，掌握了记忆方法，我们就可以自己去加工，完成记忆的过程。良好的记忆会反过来增强理解能力，也会促进知识应用的发生。

应用。阅读有大用，能让我们消磨时间的同时感受生命的意义，灵魂的伟大，这是小说能够带来的用。而对大多数人来说，阅读是学习知识，寻找实际问题的解决方法的重要方式。用得好，会让我们更有兴趣去阅读，应用也会继续加深理解。

高效阅读的技能由提升速度、理解、记忆、应用等基本技能组成，是一个整体性技能。这些基本技能在阅读过程中是交织在一起使用的，需要在练好单项技能之后，融合为一个整体性技能，也就是系统。

这里借用《五天学会绘画》里的一段话，把里面的"绘画"和"阅读"互相替换即可：

与其他总括性的技能一样——如阅读、开车、滑雪和走路——绘画是由一组技能成分整合成的一项整体技能。一旦学会这些成分并将它们整合，你就能绘画了——就像一旦学会阅读你一辈子都会阅读；一旦学会走路你一辈子都会走路。你不需要不断地增加附加的基本技能。只要通过训练、精炼技能以及学会这些技能是用来干什么的，你就能进步。

别犹豫啦，开始阅读吧。

第三章

先学会刻意练习再练习

一、像小学生一样练习

我学习了快速阅读,随着阅读的深入,逐渐爱上阅读,每周会读一到两本书,阅读也成了生活的一部分。有朋友向我咨询如何提高阅读技能,我的回答是:"通过阅读《快速阅读》,先提升阅读速度。"朋友说他也要买一本学习一下,先提升一下阅读速度。

过了一段时间,再次碰见这位朋友,问他学的效果怎么样,阅读速度提升了多少?他略显沮丧地说:"这本书也没有像你说的那样好,我看完了,也按照书上的方法练了,但没有什么用。"我问:"你是怎么练习的呢?"他回答说:"我就是在阅读的时候,按照书上的方法试了一下。"我又问:"其他时间还有专门练习吗?"朋友说:"没有。你是怎么学的呢?"我说:"我像小学生一样学的。"

比照我的学习过程,我知道他觉得没有用的原因了——缺乏认真练习,也就是没有像小学生一样认真练习。

后来,在课堂上,同样的问题也出现了,大家喜欢听干货,觉得道理听明白了,方法记住了,这样就是掌握了。知道怎么做了,仅仅相当于知道怎么迈步了,接下来还需要把步子迈出去。

《如何阅读一本书》里说道:"关于实用性的书,有一件事要牢记在心:任何实用性的书都不能解决该书所关心的实际问题。一本理论性的作品可以解决自己提出的问题。但是实际问题却只能靠行动来解决。"

实际问题只能靠行动来解决。要想解决阅读的问题,需要不断的阅读练习。快速阅读是技能,书上介绍的是方法,要想方法起作用,让新方法来取代旧方法,需要不断练习。如果没有练习,只是知道而已,那永远也解决不了问题。

回想我自己看《快速阅读》的时候,说是读这本书,其实是在理解了之后，按照书上的方法来练习的，练习时间是阅读时间的几倍。所以，我说自己又做回了小学生。

也很庆幸自己做回了小学生，才有现在的阅读技能的提升。为什么是小学生呢？因为小学生自己的知识经历少，最听老师的话，按照老师说的去做。

成人学习，最难的就是按照要求听话照做。因为我们的知识储备和经历很多，已经形成了一些固有的观念，看了书上的方法，会有疑问："这么简单的方法会有用吗？这个方法我一看就明白了，不用练习了。"也有人简单地练了一下，发现无法实现书中说的效果，也就不再练了。

但对于技能来说，要想掌握，必须要大量练习。

我练习快速阅读那段时间，每天下班之后，办公室安静下来，打开书，同时把练习用书拿出来，准备好手机定时，先复习一下上一次练习过的内容，看看是否有进步，哪里做得不对，找找原因，看看是没有意识到，还是眼睛仍没有习惯。

复习之后，再看一部分新内容，然后按照书上的练习方法进行练习，直到达到书上的要求。

比如，在提升阅读速度阶段要完成321练习。所谓321练习就是先以最快的速度阅读3分钟，做好标记，然后继续在2分钟内将刚才3分钟阅读的内容读完，2分钟能读完后，再尝试在1分钟内读完同样的内容。每次读完之后，要用自己的话复述一遍读完的内容。

2分钟和1分钟练习，一遍根本无法完成，通常要练习四五遍才能完成。在每次练习之后，除了要复述，感受每次理解和记住的内容的变化，还要进行反思。反思这次是哪个地方还没有做好，是手指忘了用，还是眼睛移动得不够快，还是默读多了，下次练习的时候主要留意这几个方面，有意识地进行纠正。

完成一次 321 练习之后，还要继续练习，阅读一段新的内容再完成一个 321 练习，进一步检验速度提升效果。

就这样，虽然每次练习投入很多时间，但我在阅读的时候，认真理解消化，没有为了完成练习而练习。在练习之前，我们首先要知道这么做的目的是什么，具体的表现是什么，应该怎么练习才能达到目的，并在大脑中将每一步都走一遍，留下印象。然后再去练习。

就这样，一步一步，我逐渐掌握了快速阅读的技能。

快速阅读是每一个人都应该掌握的基本阅读能力。只要掌握了，就会对阅读不再恐惧，读不进去的问题也就解决了，阅读的愉悦感就会随之而来。理解能力、记忆能力和应用能力都会随着阅读量的增加而逐渐提升，形成良性循环。

但因为意识不到自己的阅读速度慢或者练习的方法不对，很多人都被拦在阅读门外。

碰到并购买了《快速阅读》这本书是偶然，能够耐心按照书上的方法进行练习才是实现技能提升的根本原因。在练习之前，我并不知道自己能不能练会，只是当时不知道哪里来的力量驱使着我认真练习了。

后来，因为有了自己练习阅读技能的经历，再加上阅读了《刻意练习》，我对练习有了新的感悟。再学习新技能时，我不再要求自己多快掌握，而是只要开始，就专心投入练习，以及练习之后进行反思总结。

二、偶遇《刻意练习》

已经不记得当初为什么买了《刻意练习》。读了之后一直在想，如果能早点看到《刻意练习》就好了，我的快速阅读会练习得更好。但又一想，如果没有阅读技能的提升，《刻意练习》我根本就看不进去，更别说应用了。如果说《快速阅读》帮我打开的是阅读之门，那么《刻意练习》帮我打开的就是学习之门。

阅读《刻意练习》的时候，不断与自己练习快速阅读的过程进行对照，发现自己当时已经在默默地践行"刻意练习"，那时候还不知道这叫"刻意练习"。如果知道了，可能会练得更快。

《刻意练习》是对练习进行指导的圣经，高效练习的说明书。书中给出如何进行正确练习的方法，帮助新手学习或者提升一项技能时少走弯路，从新手成长为大师。后来结合自己的经历，写了一篇阅读的心得——《你为什么需要刻意练习》得到了很多人的共鸣，看来很多人都需要刻意练习。

在《刻意练习》的开篇，有一段致读者的话：

无论是学习小的生活技能，如打球、开车、弹琴、烹饪，还是提升关键的工作能力，如写作、销售、编程、设计，都离不开大量的练习。

但是，我们通常对练习有很多误解——练习不就是不断重复吗？不是。

不断重复只是"天真的练习"，无法带来进步。"正确的练习"需要好导师、有目标、有反馈……

我现在已经成年了，练习什么都已经晚了吧？不是。

无论你是孩子还是成年人，无论你是否有"天赋"，只要掌握正确的方法，你的梦想都可以实现。

只要是技能，都可以采用刻意练习的方式进行提升。无论你是孩子还是成年人，无论你是否有"天赋"，只要掌握正确的方法，你的梦想都可以实现。放下"年龄大了，没有天赋"这些影响我们学习的桎梏，只要想学，用正确的方法就可以了。

阅读是技能，也需要专门学习，只是我们大部分人并没有觉察，因为不像其他的技能，比如开车、绘画、写作、编程、烹饪、设计、销售等等，需要专门的培训，比如在驾校学开车，在烹饪学校学烹饪，在美术学校学习绘画。

阅读，与看图和识字结合在一起，从我们很小的时候就开始了。我们一直认为识字就可以阅读，但语文课学习字词，分析文章，几乎没有关于整本书阅读的要求，也没有介绍整本书阅读的方法。所以，造成的结果是只要上过学就能阅读，但只有一少部分人会阅读。能阅读不一定会爱上阅读，但会阅读一定会爱上阅读。当前，教育部门已经意识到整本书阅读的重要性了，开始强调整本书的阅读了。

上学时的阅读没有给我们带来良好的阅读体验，没有让我们感受到阅读能带来愉悦感。一篇篇课文多是截取的片段，缺少上下文，却让我们去测猜作者的意图，思考作者为什么这么写，关键是还有标准答案，连作者都不知道自己当时是怎么想的，竟然还有了作者怎么想的标准答案？但上学考试就要有标准答案，答不对就很沮丧。阅读好像摆在学生面前的一座大山，难以翻越。在这种阅读氛围下，一旦不再需要考试时，很多人就会远离阅读。

但如我们所知，阅读是终身需要的。

现在我们需要明确阅读也是技能，这个技能需要学习，更需要刻意练习。

三、纠正三种错误思想

要想让刻意练习真正发挥作用，我们要纠正三种错误思想。

第一种错误思想是认为：某种能力是需要天赋的，由基因决定的。这种思想常常表现为各式各样的"我没有""我不能""我不是"之类的表述：我没有阅读天赋，天生不会阅读；我不是很有创造力的人；我不擅长逻辑思维，不擅长和数学打交道；我这人天生嘴笨，不擅长演讲。想想，身边的例子比比皆是。但是正如《刻意练习》介绍的那样，在任何一个领域，人人都可以通过正确的训练来帮助自己大幅提高。

第二种错误思想是认为：如果你足够长时间地做某件事情，一定会更擅长。以完全相同的方式一而再再而三地做某件事情，并不是提高绩效和表现的秘诀，它会使人们停下前进的脚步，并且缓慢地下滑。看看身边的例子，那些总是按常规去做某事的人，已经习惯了，也许早就有了新方法了，但他们根本不会去想还有没有新方法。

第三种错误思想是认为：要想提高，你只需要努力；如果足够刻苦，你就会更加优秀。但现实是除非你运用一些专门用于提升特定技能的方法，否则，即使加倍努力，也无法让你取得更大的进步。要学会用巧劲，而不是傻卖力气。

这三种常见的思想坑害了很多人，耽误了很多人。很多人一生都受这三种思想影响，没有机会更好地提升自己。所以，要想学好一项技能，首先要先抛弃这三种思想。

四、如何通过刻意练习提升阅读技能

本书提供了很多提升阅读技能的方法，如果仅仅知道这些方法不练习还是无法达到效果。怎么练习呢？用刻意练习的方法。

根据我练习快速阅读的过程，结合《刻意练习》给出的指导练习的方法，接下来介绍一下如何刻意练习提升阅读技能。

总体来说，刻意练习需要有人指导，确定练习目标，短时间专注练习，不断反馈，走出舒适区，这些内容构成了刻意练习。下面会一一介绍。

1. 要进行刻意练习,首先需要一位导师或教练

刻意练习发展的技能,是比较成熟的技能,已经有一套行之有效的训练方法,进行刻意练习需要一位教练。教练本身已经到达一定的水平,既熟悉杰出人物的能力,也熟悉怎样通过练习达到那种能力;教练还要有一些可以传授给别人的练习方法,知道该怎样去设定目标,以及怎样制订计划去达到目标,也很清楚在练习过程中可能会出现什么问题,以及该怎么处理这些问题。在教授过程中,教练深入了解学生情况,帮助学生设计训练方案;在学生练习过程中观察学生的表现,及时给出反馈,调整练习方案。

受时间地点等多种条件的限制,不是每个人都能找到合适的教练。这时候怎么办呢?

如果没有合适的教练,我们可以找到专业的指导书,书加上我们自己就可以扮演教练的角色。比如本书就可以作为练习阅读技能的指导书,我们自己也要承担一部分教练的角色,包括理解每一个练习方法的目标、路径,并制订合理的计划。在练习过程中,进行自我监督,自己反馈每次练习过程中的表现,找出问题,并制订改进方案,再次练习。

2. 要深刻理解,并形成有意义的组块

《刻意练习》中说的是要建立有效的心理表征。心理表征是一种与我们大脑正在思考的某个物体、某个观点、某些信息或者其他任何事物相对应的心理结构,或具体或抽象。

心理表征的概念不太好理解,这里我换成另一种说法。建立心

理表征的过程就是将书中文字描述的具体方法转换成大脑中有意义的组块，这些组块是相互联系成为一体的。

比如，有意义的组块可能是在大脑中形成这样的画面和感觉：在阅读过程中用手指引导眼睛读取一行一行文字，手指是轻轻地匀速划过纸面，能够感受到手指一行一行划过时，与纸有摩擦的感觉。

在阅读书上的方法时，我们需要的是深刻理解这些方法，在大脑中用正确的图像、声音以及感觉等在大脑中将这些方法表现出来。在练习的时候，提取大脑中已经存储的意义组块，按照这些意义组块表现出来的样子去做。

练习时，我们会有各种各样的感受，可能比预期的顺畅，完美达到目标；也可能遇到困难，有一个地方没有做好，中间有个地方卡住了。这些都与我们之前建立的那个有意义的组块有关系。可能是意义组块不准确，也可能是意义组块不稳固。

刻意练习就是不断重复大脑中形成的那个有特定意义的组块，通过一遍一遍地刻意练习，不断修正、完善大脑中的意义组块，让意义组块画面细节越来越丰富，越来越清晰、准确、稳固。初次练习的时候，我们只能模仿个大概的样子，随着练习次数的增加，我们能够模仿到每一个细节。就像看见一个人，第一次看的是个轮廓，后来看的次数多了，能够看清楚眼睫毛，甚至看到眼里的血丝。

当大脑里的意义组块越来越清晰，越来越稳固的时候，我们就会逐渐由有意识的控制成为潜意识自动操作了。阅读的时候，自然地按照这个组块的画面去做，成为一种自发自觉的下意识行为，以至于我们都意识不到。

刻意练习的本质是加强记忆，通过练习建立清晰、准确、稳固的意义组块，让我们记忆得更好，在需要时能够更好地提取出来，这是刻意练习的核心。只有记忆牢固，在阅读时，大脑才能顺利提取这些意义组块，去指导相应的行为，就像吃饭走路一样自然。

在没有练习条件时，可以通过回想的方式，在大脑中练习。躺在床上，闭上眼睛，在大脑中模拟练习的过程。这时候，如果在大脑中模拟的图像越清晰，细节越多，对能力的提升越大。这个过程本质还是去帮助建立清晰、准确和稳固的意义组块，加强记忆。

不仅可以在躺在床上，在排队、坐车等只要大脑可以自主做一些事情的时候都可以来用来练习。

3. 为练习明确特定的目标并制订计划

每次练习都要设定明确的目标，带着要解决的问题去练习。刻意练习区别于普通练习最大的地方，就是每次练习要解决特定的问题。如果没有明确的目标，练习具有较强的随机性，对提高的意义不大。就像做考试题一样，只是反复地做那些你已经熟练掌握的题，做得再多，效果再好，对提高成绩也没有帮助，只会增加盲目自信。有目的地练习，积小胜为大胜，通过解决一个又一个影响整体阅读效果的小问题，最终达到掌握高效阅读技能的目标。

阅读是一个系统行为，包含了识别、理解、记忆、应用等内容。在练习的时候，需要一项一项进行，不可能一次练习全部内容。这样我们才能够知道某一项的练习效果如何，后边进行的反馈，才可能更有针对性。

我们确定目标之前，要知道自己的现有水平，就像登山一样，要知道自己目前的位置，然后再确定下一步的位置。例如，在进行提升阅读速度练习之前，自测一下现在阅读速度是多少字/分钟，比如 300 字/分钟。知道了现状，就设定了一个参照点，可以将练习的目标设定为 500 字 / 分钟，或者其他更高一点的目标，具体看自己的感觉。练习之后，发现自己的速度达到了 600 字 / 分钟，这个时候我们就会产生愉悦感，进而会更努力地练习。

有了目标，我们还要制订实现目标的计划，让练习的过程更加清晰可控。阅读练习计划包括选择什么书作为练习用书，在哪里练习，什么时间练习，每次练习多久，练习之后如何反馈等。

首先，选什么书作为练习用书。不同的练习内容可以选择不同的书。最开始练习提升阅读速度的时候，主要目标是改变我们的用眼习惯，所以不要选择太难理解的书，也不要选教科书，这两类都是读起来很难理解，心理压力很大，影响提升速度的信心。也不要选择大部头，使用起来不够方便。内容熟悉，简单易理解的书较合适，比如一般的自我管理类书。有一次给学生讲阅读，我找了一些童书，像《夏洛的网》《长袜子皮皮》《爱的教育》等，即使对成人来说，这些书读起来也有趣、深刻，拿来做提速练习也非常适合。

在哪里练呢？练习时需要专注，练习环境要求没有干扰，比如图书馆，下班后的办公室都是不错的选择。

专注的练习需要高度集中注意力，相对固定的练习时间、练习地点，会减少适应的时间，可以快速进入状态，有利于练习的进行。

4. 短时间的专注练习

首先解释一下专注练习。

如果你想通过日常的阅读来提高速度是不可能的，必须进行专门的练习才能提高。这个过程要求我们必须是专注的，也就是心无旁骛。只有在专注的时候，大脑才能对每一次练习的过程进行分析和记忆，判断出来哪些是对的，哪些是错的，在接下来的训练中，要保持对的方式，纠正错误的方式。这个过程会进一步完善和巩固已经建立的意义组块。

练习过程需要高度专注。如果走神或者很放松，只是为了好玩，可能不会进步。专注的时候，我们会认真提取建立好的意义组块，按照方法去操作。如果不够专注，可能会出现偏差，不利于进一步地巩固意义组块。在课堂上，如果我们高度专注听课，紧跟着老师的思路思考，一节课下来大脑会感觉非常疲惫。但也会很有成就感，因为高度专注学习时，理解会比较深入，效果比较好。如果走神溜号了，一节课下来，感觉会比较轻松，但在大脑中留下什么就只有我们自己清楚了。

怎么能让自己很专注呢？

最重要的是放松，只有放松的条件下才能全神贯注。我们都知道，无论是在比赛还是在考场，放松之中的状态才能让我们发挥出水平。越紧张越难以表现出实际水平。另外，除了放松，还需要尽量地切断前一刻做的事情留下的尾巴干扰，快速进入练习的状态。最好能将手机调整到飞行模式，暂时在网络上消失一会儿。

怎么做才能既让自己放松下来，又能隔离前一刻所做之事呢。这里有一个简单的方法——冥想。

在开始练习之前冥想5分钟，可以让自己彻底放松下来，同时将大脑中之前的杂事隔离开。冥想不仅能让大脑得到短暂的休息，放松下来，还能够帮助我们快速恢复精力，5分钟之后，你会感觉重新焕发活力。

如果不会冥想，一个简单的方法可以达到同样的效果，叫作"吞三吐四"呼吸法。找个椅子坐直，肩膀放松，双手自然下垂。然后，放空大脑，什么也不想，一边吸气一边数一二三，感受气从鼻腔进入到体内，下沉到腹部，直到不能吸入为止。这时候因为吸入气，身体会鼓起来。然后呼气，一边呼气一边数一二三四，呼气的速度慢于吸气的速度。这时候感受鼓起来的胸腔逐渐恢复，手臂自然往下沉。如果中途有杂事侵入大脑，重新开始即可。

准备好了练习的状态，就可以开始 20～30 分钟的练习了。

为什么要短时间呢？难道不是练习时间越长越好吗？

因为人的专注时间是有限的，一般成人的专注时间是 20～30 分钟，而且上面说过，专注的练习也是费神的，当我们疲劳的时候，就无法保持专注。所以，为了保证练习效果，每次只需要练习 20～30 分钟即可。中间休息一次，可以再来一次"吞三吐四"，结束之后可以再进行一次 20～30 分钟的练习。

不要指望练习一次就可以了，短时间专注练习，可以每日练习一小时，不建议练习两三个小时。因为练习完之后，大脑会在潜意识里进行巩固，要给潜意识留下时间。

5. 练习过程中不断反馈

反馈的过程就是元认知即对自己练习的过程进行监控、纠正的过程，知道自己哪个地方练得好，哪个地方练习得不正确。反馈极其重要，因为反馈为下一次练习指明了方向，使练习的目标更明确。

我们已经知道了一套练习阅读技能的方法，但是在练习的过程中，未必每次都能做到按照正确的方法完成练习。所以，练习之前，我们要深入理解具体的做法是什么。之后在练习过程中，对自己的行为进行自我监督和反馈，完成一次练习之后，回想练习过程，与书中的做法相比较，看看哪里还没有做到，没做到的原因是什么，下次怎么练习能够改进。

在练习过程中，我们要有自我监督意识。做练习时，就像旁观者站在旁边来看自己学习一样，练习结束后，马上进行自我反馈，这个时候记忆最清晰，能够准确反馈问题；其次，诚实地面对现实，做到了就是做到了，没做到下次继续改进，不能用假象来蒙蔽自己，或者觉得差不多就行了。

比如，在进行提升速度练习时，第一招是用手指引导目光前进，但在实际操作过程中，很多人经常会忘记使用手指，手指移动的速度还有些慢。根据练习过程中的表现，发现自己的不足，下次练习的时候重点注意。

再比如，在检验是否理解的时候，要求用自己的话进行复述。在练习的过程中，我们经常会觉得理解了，就不再浪费时间说出来或者写出来了。其实，真复述的时候就会发现，其实很多时候复述不出来。

6. 走出舒适区

如果你从来不迫使自己走出舒适区，便永远无法进步。对于任何练习，这是一条基本的真理。练习的目的就是要提升自己，提升自己就是要使自己从熟悉的舒适的状态，来到新的暂时不适应的状态，待适应新状态之后，就扩大了自己的舒适区。舒适区的扩大，代表我们活动范围的扩大，可供选择的更多。

人的本能倾向于稳定、确定的状态，一般不愿意离开舒适区。尤其对成年人来说，想要提升阅读技能，是要改变已经习惯了十几年甚至几十年的阅读方法。在那个非常舒适的圈子里待得久了，如果没有足够的力量，是很难冲破舒适区的束缚的。

从练习的角度来看，容易学的都已经学完了，如果想再提升就要付出更多，否则每个人都是高手了。正因为困难的存在，才会有不

第三章 先学会刻意练习再练习

同水平的人,这也是自然选择的结果。因为这些人更愿意付出努力突破自己的舒适区,所以他们活动的范围就会更大,选择会更多,可以得到的收益会更多。只有走出自己的舒适区,才算是真正的进步。

走不出舒适区,主要有以下原因:一是没有意识到舒适区的存在,不知道自己已经习惯于舒适区。二是对突破舒适区的好处不清楚,比如更高水平、更高效率、更便捷等等,从没有突破过,也就没有机会体验突破之后所获得的更大自由。三是对突破舒适区要付出的代价未知,对于练习多少天、练习多少次才能突破舒适区没有概念,对未来没有明确的预期,不知道突破舒适区要付出多大努力。

在走出舒适区的过程中,偶尔可能会碰到一些让你感到很难做好的事情,无论试多少次,都很难突破,似乎你永远也做不成。**要想逾越这些障碍,可以试着做不同的事情,换一种方法,而非更难的事情。**

不管什么障碍,如果久攻不下,那越过它最好的办法是从不同的方向找方法。这也是需要教练的原因,因为教练见得太多,对于可能出现的障碍非常熟悉,而且知道如何解决。有的时候出现的是心理障碍,自己很难识别,所以需要一个教练。我们经常看见球员在场上打球的时候,教练会在场边喊"放松,放松""跑那边",懂这个方法的局外人更容易看清问题所在。没有教练,我们就需要自己有意识地跳出原来的框框,重新审视问题;或者搁上一小段时间,让潜意识去思考碰撞,可能在一觉醒来时顿悟。

有时候,我们还会存在动机不足的情况。前面讲过,保持专注非常辛苦,通常没有乐趣,因此保持专注,并继续努力是很难做到的。所以,动机的问题就不可避免地浮现出来:为什么有些人愿意进行这种练习呢?是什么使他们能够坚持下去呢?我们需要动机,只有强烈的动机,才能够让你坚持下去。所以,我们在练习前后,可以去憧憬一下:学会之后,一周看两本书,一年看一百本书的感觉。

7. 避免在成功之前死掉

根据研究,一项技能的提升需要经历三个阶段,三个阶段练习的时间与水平的提升的关系如图 3-1 所示:

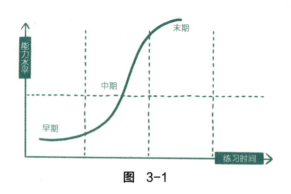

图 3-1

在练习初期,对所练习的内容还不熟悉,再加上原来习惯的技能在影响,这时候水平提升缓慢。有人会感觉练了这么长时间,一点都没提高,算了,不练了,练了也没用。也有人会怀疑自己没有天赋,练了也白练,然后就放弃了。

练习初期是奠定基础的重要阶段,就像盖楼,最初要挖地基,地基深厚,楼才牢固,但这时候外界很难观察到明显的进步,这个时候也不会有很强烈的愉悦感。这是正常的,所以在练习初期即使没有进步,也不能放弃。

到了中期阶段,经过初期阶段的练习,人们对所练的内容更加熟悉,慢慢找到感觉,所以这段时间水平提升很快。这个阶段,是最幸福的阶段,感觉自己已经不是以前的自己了,一天一个样地提升。每次看到自己的表现有所提升,都会产生愉悦感,这种愉悦感促使人们继续投入练习，进一步提升水平。

到了后期阶段，也就是高原期，这个阶段人们的技能水平已经较高了，再练习，提升空间也有限，每前进一点点都需要付出更多的努力，就像考试，由 90 分提升到 100 分要付出的努力，远远大于从 60 分到 80 分。这个阶段的成就感有限，反正水平虽然不是最高，但已经很高了，对于很多人来说，已经够用了，不再练习也无所谓。所以继续投入练习的是少数人，而这极少数人就成了顶尖高手。

这个也是和我们日常生活中的实际情况相符的。我们会看到对于大部分技能，大部分人只是了解，少量的人精通，极少数的人是顶尖高手。

在练习阅读技能的过程中，对于技能提升所经历的阶段有所了解，有助于我们在练习过程中，清楚自己所处的阶段，缓解看不到进步而产生的焦虑，不会因为看不到进步，没有愉悦感而过早地放弃。

练习，练习，练着练着就习惯了。在学习初期，我们能够按照练习的要求去完成，一旦放下一段时间不用，已经建好的意义组块就会变得模糊松动。所以，在练习的初期，一定要用大量的练习将建立好的意义组块稳固下来，将练习时的状态延续下去，直至形成潜意识，自动执行。就像学开车一样，刚开始开车与学车时差不多，一招一式地按照步骤来，开多了之后，就像自动驾驶一样。刻意练习是提升阅读技能的最佳路径。在练习过程中，只要按照刻意练习的方式去做就好。

总结一下：进行刻意练习时，找一个导师或者教练，理解并建立清晰的意义组块，练习时要明确特定的目标，并为这些目标制订计划，以短时间专注的方式练习，并不断进行有效的反馈，保持强烈的动机，努力走出舒适区。以上所有的努力都是为了建立清晰、准确、稳固的意义组块，让应用时提取意义组块更容易。

第四章

提升阅读速度

法国学者帕斯卡尔（Pascal）在三百年前说过："读得太快或太慢，都一无所获。"

识别，也就是眼睛看到字，是阅读的第一步，阅读的起点，至关重要。

识别就是要能够看得进去，能够把书看完。一个朋友和我说，他很难静下心来看书，而我的感觉是看书前有些烦躁，只要一看书就静下来了。没有体验到阅读的愉悦感，没能喜欢上阅读，很重要的原因是在用眼睛看的方式上，看不进去，看一会儿就放下了。没有原料的输入，阅读理解、记忆和应用也就无从谈起，无法走进阅读的世界。

能阅读和会阅读有本质的区别。由能读到会读，其中一个关键因素就是阅读速度。会阅读的人阅读速度有一个更大的选择范围，可以根据阅读的目的、所读书籍的类型等调整阅读速度，该快就快，该慢就慢，收放自如。能读但不会读的低效阅读者一般是逐字默读，只有一种阅读速度，不能够随着阅读目的和书籍类型的变化来调整，通常是该快的不快，浪费时间不说，还影响阅读效果。

图 4-1 是传统阅读过程的示意图，我们可以看到阅读过程中，视线焦点落到第一个字上，眼球对焦、读取信息，约四分之一秒后跳到下一个字。

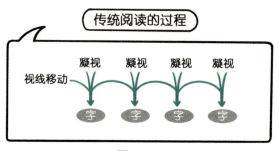

图 4-1

阅读时，眼睛看文字，就像用相机拍照一样，需要聚焦、拍摄、存储这三个环节。如果暂时不考虑理解，阅读的速度就是每分钟看多少字，要提升阅读速度，就是提升单位时间内所看到的字数。

从这样的基本原理出发，根据文字本身的特点和眼睛看、大脑接收的过程来想方设法改变用眼习惯，增加每分钟看的字数、增加每一眼看到的字数，阅读速度就会提升。

有常用的五招可以帮助提升速度，将其总结为比较好记的几个词：上手、快闪、意义组块、闭嘴、少回，下面会一一进行介绍。

一、上手

上手，就是用手指引导目光阅读。

根据阅读习惯，左手拿书，将右手食指放在要阅读的那一行文字下方，以一定的节奏和速度向前滑动，目光看着手指上面的字，跟随着手指向前移动。特别需要注意的是，手指向前移动是一个连续不断的过程，而不是用手指指或点某一个字。

为什么用手指引导阅读可以提升速度呢？

我们的眼睛对静止的物体不够敏感，对运动的物体比较敏感。书上的字是静止的，看得久了，容易视觉疲劳，目光会像被什么东西拖住了一样，停滞不前，影响阅读速度。

移动手指来引导目光，是人为制造一种运动的影像来激发眼睛，让眼睛保持敏感。目光在跟随手指移动时，目光移动速度与手指移动的速度相同，停留在字上的时间和从一个字移动到下一个字的时间缩短。

用手指引导目光移动还能够帮助换行时快速找到下一行行首。在看完一行之后，从行尾移动到行首的时候，经常会出现串行的情况，找不到应该看的行。用手指引导时，从行尾移动到行首的时候，可以准确快速定位。

用手指引导目光移动还会帮助集中注意力，提升对内容的理解。

上手是初期简捷有效提升阅读速度的办法，稍微改变一下用眼习惯就可以收到意想不到的效果。课上向学生介绍这一方法时，很多学生觉得这么简单的办法，会有用吗？抱着怀疑的心理，他们尝试后都觉得有点相见恨晚的感觉。有时候，有用的办法，不一定是复杂的办法。

上手虽然是提升速度的入门方法，但在任何时候都可以使用，尤其阅读时注意力不够集中，速度有所下降的时候，上手可以起到加速器的作用。

上手虽然很简单，但由于很多人没有用手的习惯，要想自由熟练使用，也需要不断练习，让眼睛习惯跟随手指快速移动。

练习方法：计时练习。设定一个速度的目标，比如1000字/分钟，然后找一篇适合的内容，按照预定的速度目标，上手辅助阅读3分钟，一遍不行，再来一遍，直到能达到1000字/分钟。读完之后要对阅读的内容进行复述，也就是用自己的话讲出来，看看理解程度。

练习过程中，有三点要注意：

一是要训练上手的意识。上手虽然简单，但在实际阅读过程中，经常想不起来用，这是最常出现的问题。在初期主要通过手指来辅助用眼习惯的改变，加快目光移动的速度。在目光移动速度提升之后，可以根据需要，决定用不用手。

二是手指是有节奏地匀速移动，是一个连续的动作，不是用手指点，也不要在中途停下来。

三是练习的时候，暂时不必在意理解的效果。练习的目的是改变用眼习惯，不要因为暂时的理解不好而放弃，在速度提升之后，理解问题会随之解决，所以暂时不用担心理解问题。

从有意识上手，到无意识自觉地使用，也需要用刻意练习的方式练习。具体怎么刻意练习呢，可以再去回顾一下第三章的内容。

二、快闪

快闪，就是快速移动目光。与其说是一招，不如说是一种意识，意识到我们不需要将目光停留在字上太长时间，可以减少目光在一个字上停留的时间。

逐字默读阅读时，一般目光焦点落在一个字上，停留的时间大概是四分之一秒。虽然四分之一秒已经很短了，但影响的是阅读整体的顺畅性，而且对动辄二十万字的书来说，总体计算起来所用时间还是很多的。如果停留时间减少到一半——八分之一秒，这样读完这本书的时间会减少 400 多分钟，非常可观。

在字上停留的时间过短，我们的大脑能够接收到眼睛看到的字吗？

研究发现，阅读时不需要在某个字上停留过长时间，大脑能够识别出眼睛在一瞥之间看到的内容。比如，乘坐高铁列车时，虽然车速很快，但我们依然能够看清路边一闪而过的广告内容。

我在练习初期，每天上下班的路上，快速瞥一眼旁边驶过的车牌号，在脑中复述一下，再和那个车牌对照一下，这个练习持续了十几天，每天复述十几辆车的车牌，基本没有错过。那段时间，我只要是看到有字的地方，就快速看一下，然后移开目光，心里重复一下看到的内容，然后核对一下。我们的眼睛和大脑能力是很强大的，只是我们从来没有进行发掘。

练习方法：找出一段话，按照每行逐渐增加字数，排到十个字左右排好，也可以更多，打印出来，从第一个字开始用一张小卡片将字都盖上，然后快速向下移开，露出字，再快速盖上，看看能否复述出来刚刚看到的字。如图 4-2 所示。

图 4-2

快闪是一种意识——目光快速移动不会影响眼睛读取和大脑接收信息。有了这样的意识，我们就可以放心地提升速度了。

第一招上手辅助阅读时，目光跟随手指以一定速度前进，其实已经在练习快闪了。所以，快闪也可以通过上手来练习。

三、意义组块

1. 文字符号与意义组块

前面讲过，文字是符号，代表着作者大脑中的意义组块。我们在书上看到的文字，像"面包"一样，本身是一个意义组块，都处于一定的意义组块之中。这些意义组块可能是画面、可能是声音，也可能是各种感觉，这些都来自于我们之前对世界认知的结果——学习到的知识，自己亲自做过、看过或听过的事。这些小的组块会根据表达的意义需要，组合成更大的意义组块，当组成一个段落时，表达的就是这段的主旨，当组成一本书时，就是表达这本书的主题。

当我们阅读理解时，是将这些已经储存在大脑中的小的组块组合成一个大的组块，像拼图一样，不断试验，看看能否组成一个更大的意义组块。一句话在不同的背景下表达的意义不同，有时候会很顺畅，也可能会出现这个意义拼不上，需要再换另一个意义，最后理解时，也就是拼成一个我们自己认为对的更大的意义组块。

当我们碰到一个新词时，要用之前的其他的意义组块来表达它，从大脑中搜索之前组建的意义组块，把它按照新词的意思进行拼图。刚学时，我们靠的是这些之前的组块来表示它，当我们熟悉新词之后，我们会将这个新词的意义组块作为一个整体来调用，又作为一个意义组块与其他的意义组块，去解释遇到的新知识。如此，随着我们大脑中构建的组块越来越多，我们对新事物的理解会越来越好，与新事物能够产生联系的已有的意义组块越来越多，记忆得会更牢固，回忆的时候也更容易回忆出来。

所以，我们在学习的时候，对于比较抽象的，难以用具体的意义组块来解释和表达的知识，理解会比较困难，随之记忆和应用也同样比较困难。

著名物理学家、诺贝尔奖获得者费曼在讲授物理课的时候，总是尝试将深奥的物理学知识用最简单的方法，形象地表达出来，学生更容易理解和记忆，即充分考虑听众脑中可能储存的意义组块，用他们熟悉的意义组块来表达。用我们的通俗的话说就是用上至八十岁老人，下至三岁小孩都能听懂的话讲出来。

我们用若干个已有的意义组块来组成一个新的整体，表达新的意义组块。这个新的更大的组块就是由若干个子系统组成的新系统，这个新系统的功能就是组块的意义，成分是组成它的若干组块。

书作为系统，就是由若干文字符号代表的小的意义组块按照一定的结构层次组合，组成的更庞大的意义组块，这些小的意义组块也就由小系统逐渐成长为大的高级系统——一篇文章或一本书。

而在阅读的时候，一句话是由已有意义组块的文字组成，这个时候我们把这些文字作为一个整体的意义组块来看。有时有新概念（新词）出现，我们的大脑中没有对其进行解释和表达，这个时候就需要去将新词和其他词代表的意义组块尝试进行组合，来构成新的意义组块，实现理解。如果始终无法组成新的完整的意义组块，这个时候就出现理解的障碍。

当新的意义组块需要大量的已有组块才能组成一个整体时，中间差几块，没有完全严丝合缝，也没有关系，并不影响对整体的理解。就好像远远地看到一个人，虽然看不清眼睛，但通过其他表现，我们也能够判断出他是谁一样。

当一句话组成的意义组块我们非常熟悉时，就可以作为整体来调用。在看到这句话时，大脑中直接呈现的是这句话的意义组块。对于有新的概念组成的组块，需要我们花点时间去将新概念的组块与其他组块进行组合，让各组块能够衔接上，变成一个我们认为的比较完整的整体。这里说我们认为的，是因为每个人理解可能不同，也有人出现理解偏差，但我们每个人只能完成属于自己的组块整体。

写作的过程是作者用文字表达大脑中的意义组块，而阅读的过程是读者用已有的意义组块对文字进行理解，通过文字来获取其要表达的意义，具体的字词是什么不重要，中文或英文亦无所谓，重要的是作者准确表达出意义，而读者能够准确理解意义。而对意义的理解，需要我们从整体上构建意义组块，如上面的拼图一样，构建过程中，不纠结一小块的意义理解，能够整体上把握意义即可。

2. 关于左脑和右脑

20世纪60年代，罗杰·斯佩里和他的学生加扎尼加等通过裂脑人实验发现了左右脑的关系，加扎尼加开创了一个新的科学领域——认知科学，加扎尼加也被称为认知科学之父。

他们发现的成果简单说就是大脑分为左脑和右脑，左脑控制身体的右侧，右脑控制身体的左侧。举例来说，当左脑中风或者受到意外伤害，身体右侧就会受到严重影响，反之亦然。作为神经线路交叉的一部分，左手由右脑控制，右手由左脑控制。

在使用右脑模式处理信息时，我们拥有直觉和卓越的洞察力，这时候我们不按逻辑顺序解决问题，一切就"真相大白了"。这种情况发生时，人们往往出于本能地大叫："我明白了！"或者"对啊，我现在知道是怎么回事了。"其中，最经典的惊呼出自阿基米德在洗澡时发现浮力原理后的那声欢快的叫喊："Eureka！"（我找到了！）

贝蒂·爱德华在《五天学会绘画》里说："这就是右脑模式：一个直觉性的、主观的、相关的、整体的、没有时间概念的模式。同时，这也是那个被我们的文明所忽略的、素有恶名的、虚弱的、笨拙的模式。我们教育系统就是个很好的例子，每个学生词汇性、理性、守时的左脑被很好地培养起来，而他们的另一半大脑却几乎被忘记了。"

《五天学会绘画》中，对左脑和右脑模式的特征进行了对比。总结起来就是：左脑擅长语言文字、逻辑数字、抽象分析、线性等思维，而右脑擅长整体、意义、直觉、想象、色彩、空间维度等思维。

虽然左右脑各有擅长，但在处理信息时是全脑共同参与，相互配合支持的。在遇到需要运用逻辑分析推理和数字计算的时候，左脑占据主导，右脑辅助。在处理整体、有意义、图片信息时，右脑占主导，左脑辅助。

当逐字默读的时候，眼睛看到文字，读出声音，耳朵听到声音之后，将信号传递给大脑，再由左脑进行解析，分析是什么意思。这时候左脑起主导作用。

当我们看图片的时候，我们一眼看到的是图片的整体，这个时候是将图片信息直接传给右脑进行处理，右脑发挥主导作用。

右脑擅长整体的，图片式的信息处理。如果我们将一句话作为一个图片整体来看会怎么样呢？在大脑中直接反映的应该就是这句话所代表的那个意义组块的表现形式，比如画面、声音等等，这样右脑作用就发挥出来了。如果遇到需要逻辑推理，数字计算的内容时，可以转向由左脑主导完成。

3. 被浪费的视域

我们能将一句话作为一个整体的图片来看吗？

这取决于我们眼睛的能力，更进一步地说，取决于我们眼睛视域的大小。所谓视域就是眼睛能够看到的范围。

一眼到底能看到多少个字呢？这个涉及视域的概念。

视域，也就是我们的视野范围——眼睛平视，保持不动，视野的上下左右边界构成的范围。

如图4-3，我们一眼就能看到那张图片上的全部信息，天空，草原，一群大象等等。无论盯着哪一头大象看，都能看到它前后左右的大象。也就是说虽然每次看的时候会聚焦在某一个物体上，但在视野里仍会出现其他物体。即使你的眼里只想有它，也不可能办得到。

图 4-3

阅读的时候视域有多大,一次能看多少个字呢?

阅读时的视域测量:在书上找一行字,眼睛聚焦在这行中间某个字上,以这个字为中心,用手指盖住两边的字,慢慢向两边移动手指,不断增加出现的字数,在这个过程中,保持头和眼睛不动,直至看不清新出现的字为止。这时数一下看清的字数,这个字数就是阅读时的横向视域。

同样我们也可以找到纵向视域,横向视域和纵向视域共同构成了我们的视域范围。

在当下,我们暂不考虑一眼看几行字,所以纵向视域暂时不使用。读者感兴趣可以自己体验。

在阅读能力提升到一定水平的时候,可以进一步扩大视域范围,把纵向视域也运用起来。横纵视域结合使用的时候,在搜索关键词时非常有用,这时候相当于一眼看到的是一个面。

课上我让学生测量一下阅读的视域,结果显示,一般情况下,阅读时的视域在 5~12 个字之间,大部分为 9~10 个字。根据这个结果,一般的书一行有 20 个字左右,如果看的时候把 10 个字作为一个整体来看，一行看两眼就可以了，比逐字默读的一个字一个字看 20 下，会提升几倍的速度，而且理解效果会更好。

4. 意义组块阅读

意义组块阅读是将阅读时的三个关键：书、大脑和眼睛相互结合起来，把文字符号作为特定的意义组块，发挥眼睛的视域和左右脑的功能。**即根据眼睛视域大小，将几个字作为一个整体，看成表示特定意义组块的图画，眼睛一眼看到，传递给右脑，直接获取相应的意义。**

下面以《朱光潜谈美三十六讲》中第一讲，"我们对于一棵古松的三种态度——实用的、科学的、美感的"中一段话为例，看看怎么实现意义组块阅读。

我刚才说，一切事物都有几种看法。你说一件事物是美的或是丑的，这也只是一种看法。换一个看法，你说它是真的或是假的；再换一种看法，你说它是善的或是恶的。同是一件事物，看法有多种，所看出来的现象也就有多种。

上面这段话中，我们把前几句换成书法艺术形式：

我刚才说

一切事物都有几种看法

你说一件事物是美的或是丑的

这也只是一种看法

这几句我们每一个句都非常熟悉，在大脑中都有相应的意义存储。把这几句话换成书法这种形式，我们不需要读出来，眼睛看到时，大脑就能反映出来它们的意思。就像我们看到街边的饭店招牌一样，不需要读出来，一看到那几个字就知道是哪家饭店。

再看原文第一行：

"我刚才说""一切事物都有几种看法""你说一件事物是美的或是丑的"是三个意义组块，前两个意义组块又一起组成一句完整的话，构成了一个新的意义组块，"我刚才说的是一切事物都有几种看法"。"你说一件事物是美的或是丑的"是一个意义组块，与下一个意义组块"这也只是一种看法"共同表达一个意思。

在原文第一段中，"我刚才说，一切事物都有几种看法"，是这段的主旨句，剩下每一句的意义组块，组合起来，共同对主旨句进行解释说明。

根据我们的视域范围，我们对这段话用"//"分开，一眼看一个意义组块，也就是一个标点符号标识的内容。

我刚才说//一切事物都有几种看法//你说一件事物是美的或是丑的//这也只是一种看法//换一个看法//你说它是真的或是假的//再换一种看法//你说它是善的或是恶的//同是一件事物//看法有多种//所看出来的现象也就有多种。

这样看下来，一行最多看四眼即可，而对于像"我刚才说，一切事物都有几种看法""同是一件事物，看法有多种"这样比较简单的，相对较小的语义单元一眼都能看到。

在这样的阅读过程中，每次读取的信息是一个相对完整的意义组块，能够表达一个相对完整的意思，尤其是一次读取的信息是一句话时，意思就相对更加完整。

假如我们的视域是10个字，遇到字数相对较多的句子，比如"你说一件事物是美的或是丑的"，字数超过了我们视域的句子，这时候看的时候，我们会根据阅读经验，左右稍微移动目光，就可以全部看到。而即使看不到，我们的右脑也会根据已经看到的内容完善成整体的内容。

而对于"这些情境和性格的差异都能影响到所看到的古松的面目"这样更长的句子，一眼很难看完整，只看到一部分时很难在脑中自我完善的，就需要看两眼。

大部分时候，我们一眼都可以看到两个标点符号之间的内容。一般来说，一行文字，只需要我们看 2~3 眼即可获得其意思。如果句子太长，也只需要看两眼即可。这样每一眼看到的都是一个相对完整的意义组块，不需要像逐字默读之后，再将每一个字组合成一个整体来理解每一句话。

写作过程中，根据写作规范的要求，增加了很多的连接词，对表达没有特别多的意义，比如常见的"我们都知道，对于世界上不同地区的各个民族来说，历史的发展进程是很不相同的。"这句话中，"我们都知道"这几个字读不读都不会影响我们对句子的理解，这些词或句子，就像标点符号一样，一瞥而过即可。

通过意义组块阅读，我们引申出其他的一些阅读过程中的小技巧：

开始不从头，结尾不到头。因为视域的关系，我们不需要从第一个字开始，也可以看到第一个字。比如，视域是九个字，开始时从第五个看起，也能够看到前边四个字。同样，也不需要一直看到最后一个字。

为了培养我们的阅读习惯，我们在开始练习的时候，可以在书上从上到下分别在 1/4 处和 3/4 处画 2 条直线，人为地将一行分为 3 部分，我们眼睛在阅读时，将目光集中在那两条线上即可，这样既能看到线左边的内容，也能看到线右边的内容。通过这种方法可以锻炼我们眼睛的视域，使眼睛习惯扩大视域范围。

意义组块阅读改变阅读时用脑用眼方式，不仅能够提升阅读速度，而且能够增强理解效果。

注意理解新概念、术语。 在阅读较新领域的书时，对一些新概念可能还未能建立清晰准确的意义组块。在阅读时，与其他的意义组块组合，构成更大的意义组块时，可能会出现困难。这时要做的是在初次遇到时，尽可能地加深理解，构建一个相对清晰的意义组块。另外，随着阅读的深入，也会逐渐帮助丰富和完善这个新概念的意义组块。

意义组块阅读练习最难的是扩大视域，改变原来的一个字一个字读的习惯，将这些字组成一个整体，当成图片来看。所以，意义组块阅读练习的核心是扩大视域，阅读时，分散视线焦点，同时看清楚几个字。

练习方法：

① 练习将几个字作为一个整体图片来看，感受看到字后大脑里呈现的意义。这个可以随时随地练习，在马路上看到路边的灯箱时，看一眼，并感受大脑里呈现的内容。在书上，找相对短小的句子，看一眼，然后感受大脑里出现的内容。

现在还有一个很方便的工具——手机，可以帮助我们完成这个练习。根据自己的视域，调整手机显示的字号，一眼看一行。

② 减少一行聚焦次数。练习时，根据视域，每行只聚焦 2 次或 3 次，这样阅读 3 分钟之后，复述看到的内容，检验理解。练习时可以用铅笔在书上从上到下画 2 条竖线，每次将目光焦点放在竖线上。

③ 限时阅读。制定阅读目标，比如 1000 字 / 分钟，阅读 5 分钟，在练习书上大概数出 5000 字的内容，开始计时阅读，减少每

行聚焦的次数,限定在 5 分钟内读完。如果第一次没有读完,继续第二次,直到能够完成为止。每次阅读之后进行复述,检验理解。如果需要几次练习才能完成,这时还可以比较每次阅读之后较上次的理解程度。

四、闭嘴

阅读时,表面上看都在静静地阅读,听不到读书声,但很多人心里一直会在默念,有的人每一个字都要读出来,有的人只读个别字。

现在立刻看下自己的表现,你是如何阅读这句话的,如果不是意义组块阅读,那有没有在心里读出来,在耳朵里听到呢?

逐字默读时,眼睛看到字,在心中默念出来,耳朵听到后,再传入大脑,如图 4-4 所示。这个时候,我们既是在看书,也是在听书。看到后,转化成声音,再听见,最后是靠声音识别到所读到的内容。

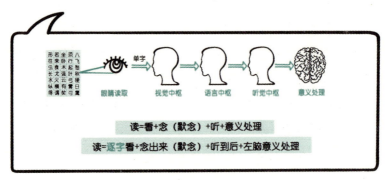

图 4-4

所以默读时,即使读的速度再快,也是一个字一个字地发音,无法一次性发出很多个字的声音，因此，限制了阅读的速度。很多人在阅读时的速度是300字/分钟左右，而这个速度是新闻主持人播音的速度。和我们平时说话的速度差不多。

前面我们学过意义组块阅读，将多个文字组成的意义单元当作一个图片整体来看，直接传入右脑，获取其代表的意义。这个时候是不需要读出来的。

但要想完全不默读几乎不可能。默读是我们长期形成的习惯，虽然我们以整体的图片来看，但潜意识里还是忍不住想读。这时候就要想办法尽可能减少默读，当从逐字默读减少到只读一个或两个关键词，读对速度几乎不会产生影响。

我们可以通过以下练习减少默读的次数。

一是保持舌头不动。我们靠舌头振动来发音，保持舌头不动能够阻止发音的冲动。

二是可以用发音转移的方法。也就是在阅读的时候，发出的与文字不相关的声音，避免去读文字，例如反复默念1、2、3，而不去发看到的文字的音，减少通过耳朵输入的信息量。

三是快速阅读。当阅读速度很快时，无法同时发出所看到字的音，这时会自动减少发音的字数，只对个别字发音。上手、快闪、意义组块阅读，都能帮助我们减少默读。

五、少回

少回，就是阅读过程中减少回读。

当遇见很长又复杂的句子时，我们经常回读，有的甚至反复回读，如果不回读，就无法理解。有时读完一段话也要回读。

之所以要回读，是因为一句话是一个意义组块，是由很多字组成的整体。逐字阅读时，读到长句的时候，读到后边会忘了前边的字，这时就需要回读，把前边的字与后边的字连接起来，组成一个整体，来帮助理解这句话的意思。

回读是为了理解得更好，但回读本身严重影响阅读速度和节奏，降低阅读的流畅性。而通过意义组块阅读，将一句话前后的文字看成一个整体，直接获取整句话的意思，这时就不需要再频繁回读。

当然，减少回读的前提是能够理解这句话。根据前面介绍过的，我们还要靠上下文来理解，所以当不理解的时候，也可以继续往下看，看到作者的解释的时候，就会理解。

少回可以提升阅读的顺畅程度，提升阅读速度。练习过程中，要有意识克制回读的行为。当自己开始回读的时候，一定要有意识停止。等习惯了意义组块阅读后，回读会自然减少。

提升速度的方法的核心是转变看待文字的方式，意义组块阅读是关键，意义组块阅读要改变传统的阅读习惯，发挥眼睛的视域，充分利用右脑，直接获取整体的意义。其他的方法都起辅助配合的作用。

在提升速度练习时，有很多人担心如果速度快了，有漏字，没看全，会不会影响理解。这里需要再说明一下，我们是靠整体的意义来理解，除极少数个别关键字会影响理解，大部分情况下，遗漏个别字不会对理解造成很大影响。所以，不用担心漏字会影响理解，又回到逐字默读的老路上了。

在练习速度的时候，主要是练习用眼方式，能够以整体图片的形式来看待多个文字。因为注意力更多会放在提升速度上，会对理解造成影响。但不用担心，先暂时不考虑理解，等速度提升以后，我们可以更加专注于理解，理解力自然会提升。

改变习惯需要不断练习，逐渐让新的习惯成为潜意识，逐渐消除原有的习惯。在练习初期，旧的阅读方法的惯性还很强，会对新方法的使用造成干扰，如果没有意识，就会又跑回原来的老路上去了。但随着练习的深入，对新方法的运用越来越多的时候，旧方法的惯性逐渐减小，最后被新方法取代。

在练习的过程中，要逐一练习，感受每一种方法的不同效果，慢慢实现行为的自动化，达到无意识自觉执行。在练习提升速度的过程中，要检验自己的理解情况，不要过分在意理解度，找到速度和理解之间的平衡点。

阅读速度提升之后，扩大了自由选择的空间，但不能不加区分地以一个速度快速阅读。

像开车一样，由原来能开到 40km/h，到现在 120km/h，只是扩大了我们选择的范围，可以根据情况在 40～120km/h 之间选择，路况好的时候可以选择开得快点。路况复杂时，我们需要减速，甚至停下来。

阅读时也是一样，要根据阅读的目的和阅读书籍的类型区分对待。速度的提升增加了阅读时可以选择的速度空间，需要快的时候快得起来，节约时间，提升效率；遇到难以理解的地方、内容复杂的地方，就要慢下来，甚至停下来，仔细思考，慢慢回味。然后继续快速向前。

速度提升之后，阅读过程会更加流畅，大幅缩短读完一本书的时间。到时候，你也可以感叹"哇哦，又读完一本书了"，这种成就感会促使你马上开始阅读下一本。因为用时短，书中内容的前因后果还没有遗忘，快速获得整体感会让我们在整体上对书的理解更好。

　　提升阅读速度是最基础的阅读技能，也是爱上阅读的必备技能，原来的阅读习惯根深蒂固，但只要专心练习，刻意练习，都可以大幅提升阅读速度，享受自由阅读的乐趣。

第五章

全景阅读

朱光潜先生曾说过:"凡值得读的书至少须读两遍。第一遍须快读,着眼在醒豁全篇大旨与特色。第二遍须慢读,须以批评态度衡量书的内容。"

第一遍须快读,着眼在醒豁全篇大旨与特色。怎么读才能快速获得全篇大旨和特色呢?

一本书是一个大系统,是最大的意义组块,根据系统的特点,这个最大意义组块具有那些组成它的小意义组块所不具有的功能。阅读的时候,如果我们能够先了解整本书的意义,了解书的背景、主题、关键概念等,如拼图一样,从整体上对要拼成的图样有一个了解,知道图形轮廓,也就是边界在哪里,拼图的时候会更容易找到。

全景阅读就是这样一种方式,在阅读过程中,每一步都在进行判断和选择,帮助获得"全篇的大旨与特色",为第二遍更深入地阅读做好准备。

一、什么是全景阅读

意义组块阅读是通过改变用眼习惯来提升阅读速度,靠的是眼睛走完纸上"每一寸土地"。全景阅读,则是根据书的特点和作者的写作习惯,选择能够帮助了解整体的内容,按照设定好的阅读路线,快速获取主题、结构和关键要素等方面的内容,减少阅读量,让我们在很短时间内获得一本书的整体意义。

如果觉得这本书不错,值得花时间去深入阅读,那么全景阅读还能够帮助我们在阅读时,避免"只见树木,不见森林",提前建立基本的背景知识,熟悉书中的语言风格和作者的写作习惯,为阅读理解做好准备。

第五章 全景阅读

全景阅读主要适用于非虚构类的书，对于小说、戏剧和诗歌等虚构类书籍不适用。但其倡导的整体观——先从整体上把握，再去看细节，是通用的。

全景阅读就是要在书中寻找最优美的风景，熟悉到达美景的路线。像准备旅游一样。旅游前，我们首先要了解景点有哪些，哪个是最值得看的，哪个是自己最感兴趣的。如果没有提前做功课，往往会在景色一般的地方浪费过多的时间，还会搞得自己疲惫不堪。在了解了景点的情况之后，就会去合理安排时间，规划路线，保证能够顺利到达想看的景点，有充足的时间欣赏美景。

《一本小小的红色写作书》中，作者介绍的第一个写作的原则是：运用"自上而下"的写作法。所谓"自上而下"，就是开门见山，先写最重要的内容，然后往山下走，再写次重要内容，次次重要内容等。

根据书的特点和作者的写作安排，我们可以将书的内容划分为四个层级，如图5-1所示。第一级：书名、作者序言；第二级：目录；第三级：段落主旨句；第四级：章节具体内容。

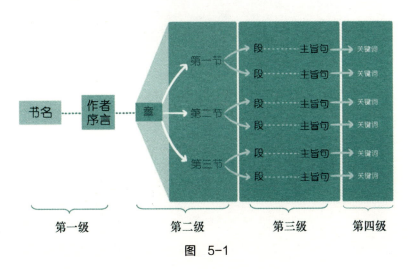

图 5-1

将图5-1顺时针旋转90度,我们可以看到,书的结构就像一座山。山的最顶端是第一级:书名、作者序言;山腰就是第二级:目录;然后是第三级:段落主旨句;山底是第四级:章节具体内容。如图5-2所示。

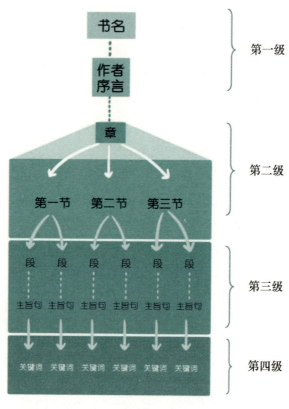

图 5-2

根据写作的下山原则,上边的每一层都是对下一层级的总结提炼。全景阅读,从最高的山顶开始,跳跃式地一层一层往山下看,最开始从山顶俯视全局,接着跳跃到下一个观景台,看到这个位置能看到的全景。通过选择这些主要的观景台,跳过烦琐的细节,快速了解整本书的内容。

下面介绍一下,从山上往山下看,都需要看什么,注意哪些内容。

1. 书名、作者和序言

这一层级的内容是一本书最重要的内容:这本书主题是什么,作者是谁,有什么样的经历,为什么要写这本书,有什么样的时代背景,这本书想要告诉我们什么,我们该怎么阅读这本书。

在这一部分,我们要关注的是主题,也就是这本书在谈些什么。每一本书都有一个干什么的主题,所有的内容都是围绕主题来展开的,知道了整本书的主题,也就知道这本书与自己的关系,是不是自己感兴趣的,或者能不能实现自己的阅读目的。

了解了主题,相当于构建了一个较大的意义组块,这个意义组块可能是模糊的、不清楚的,在阅读理解的过程中,我们会逐渐看到具体细节,使整体的意义组块更加清晰。

阅读的时候,我们可能会看看作者介绍,但很少研究作者。如果稍微研究一下作者,就会发现作者的经历,作者研究的领域是不是与自己相关,再根据需要选择是否阅读。也可能作者介绍会为我们提供阅读的线索,帮助理解内容。

在阅读《禅与摩托车维修艺术》的时候,开始的几页没有序言,也没有作者介绍。而目录是主人公游踪、第一部分、第二部分、第三部分、第四部分的页码,如此简洁,和没有目录没有分别。阅读之前,好像找不到能够指导阅读的线索,硬着头皮读了起来。作者在文中一直提到斐德洛这个人,一直也没明白是谁,为什么会有那些思考和举动。后来有一天看到书的最后一页,写着罗伯特•M. 波西格和一段文字。天哪,作者介绍竟然在书的最后一页,还不是在封底页，与我们常见的排版习惯有很大差异，以至于都没有看到作者的介绍。

从这段作者的介绍，了解了作者的人生经历，其中一句话："他希望从狭窄而受限的自我解脱，于是才开始这场横跨美国大陆的万里长旅，一路上经过复杂与反省思考，面对自己的前世身，终于暂时恢复了自己灵性的完整与清静。"这句话，让我对书的内容有了新的认识，之前不理解的地方瞬间明朗起来了，斐德洛就是作者自己的化身。

阅读的时候，很多人会跳过序言。如果是作者自己写的序言，作者会在序言里交代写作的目的，要通过本书解决什么问题，这个问题起源于何处。作者会介绍书中的核心思想，自己对问题的思考过程，有的还会介绍对本书的阅读建议。这些内容为我们理解文章的内容提供帮助。

《五天学会绘画》里，作者贝蒂·爱德华开篇的标题就是："我为什么会写这本书？"介绍了自己在绘画教学中遇到的困惑，以及在受到左右脑研究的启发之后，如何将左右脑的理论运用到绘画教学之中。通过这些，我会知道作者写这本书的目的，这本书的与众不同之处。虽然距离裂脑人的试验已经过去五十多年，离罗杰·斯佩里因为左右脑的研究获得1981年的诺贝尔奖也过去近四十年，但当时买书的时候，我不了解左右脑的理论，只是看到宣传介绍就买了，但是看不进去，一直放了八年。后来，阅读了《双脑记》之后，再来阅读这本书的时候，一切疑惑迎刃而解。

在《明亮的对话》里，作者徐贲在序言里的第一句话是"这是一本为青年读者学习公共说理而写的启蒙读物，它是由一篇'论文'（前言）和18篇各自独立的'随笔'组成的。"作者在接下来的内容介绍了为什么要写这本书，并简单介绍了主要的内容，使我们在阅读前，就找到书中内容的背景和应用的情境，提前为更好地理解书中的内容做好准备。

如果是别人推荐的序言，要么是相关领域的权威人士，要么是作者熟悉之人。推荐人一般会对作者有一些褒奖之词，可以帮助我们更好地认识作者，也会谈到自己对作者所写主题的认识，从自己的经验出发，谈自己的感受，也可能为读者进行导读。

在《系统之美》中，由戴安娜·莱特的献辞和邱昭良博士的导读代替了序言。在献辞中，莱特向我们讲述了作者德内拉·梅多斯的研究系统思考的过程和系统思考对当代人们的重要性，也让我们看到了缺乏系统思考的后果。在《决策者的系统思考》这篇导读中，邱昭良博士介绍了各类决策者，包括企业家、职业经理人、公务员、家长会遇到的各种问题，如果缺乏系统思考的结果是什么，比如"只见树木，不见森林，只看眼前，不看长远……"。接着介绍了本书为什么是一部系统思考的经典之作，最后给出了阅读指南。

这些献辞和导读，让我们在真正阅读之前，更好地了解书中的内容，建立相关的背景知识，明确阅读的方向。

2. 目录

目录是书的主要内容的压缩版，告诉我们书里的主要内容有哪些。其排列顺序展示的是整本书的框架结构，告诉读者整本书是如何组织起来的，各主体内容之间的关系如何。通过主要内容和结构，我们可以粗略地获得一本书的整体感，从整体上把握书里的内容，即使开始阅读后，进入文字的密林里，因为心中装着整个森林，也能知道自己所处位置，不会迷失方向。

关于内容。看到目录内容可以整体上了解整本书的内容。看到目录内容时，想象自己看到目录的文字会想到什么，如果自己根据这个来写，会写什么内容，想起什么，想起多少都可以，完全是自由想象。这个想象的过程，相当于在阅读之前激活了自己的知识储备，把可能与书中内容相关的意义组块调动出来，先构建一个关于整体的意义组块，也为后续的阅读理解做好准备。

关于结构。《一本小小的红色写作书》里列举了最常见写作结构，包括：范畴结构，按任意顺序讨论事项；评价结构，先讨论正面，再讨论反面（或者反过来）；时间结构，先讨论先发生的事件，再讨论后发生的事件；比较结构，先讨论最重要、差异最大的特征，再讨论不那么重要的特征；线性结构，按先后顺序讨论事项，从第一到最后（或者反过来）；因果结构，先确定并讨论原因，然后才是结果（或者反过来）。

知道了组织的结构，就可以知道各部分内容之间的相互联系，更好地从整体上对内容进行把握。我们可以揭开目录具体内容的外衣，找到其背后隐藏的基本结构。再根据基本结构，用自己的语言将目录重新表达出来，在大脑中强化结构的意义组块，帮助从整体上把握内容。

当然还可以把目录转化为自己常用的结构，比如很多书的结构是：先通过现象提出问题，然后是分析问题和解决问题。提出某理论的书，其结构是：理论是什么，怎么来的，有什么用。这样相当于将书的内容与自己熟悉的内容建立了联系，为其赋予了意义，这个意义对之后的理解和记忆均有帮助。

我们来看一下《千面英雄》的目录。

中文版序 I	神话与梦境 001
1949 年版前言 V	悲剧与喜剧 019
开场	英雄与神 023
单一神话	世界的中心 032

第一部分
英雄的历险

01 启程

历险的召唤 041

拒绝召唤 049

超自然的援助 057

跨越第一个阈限 065

鲸鱼之腹 075

02 启蒙

考验之路 083

遇到女神 093

妖妇的诱惑 103

与天父重新和好 108

奉若神明 130

最终的恩赐 152

03 归来

拒绝回归 171

借助魔法逃脱 174

来自外界的解救 183

跨越归来的阈限 192

两个世界的主宰 201

生活的自由 210

04 解答

被二手了的神话 218

被破坏的神话 219

寻找消失的线索 220

第二部分
宇宙创世的周期

05 产生

从心理学到形而上学 227

宇宙的循环 231

源于空——太空 239

太空之中——生命 243

化一为众 250

创世的民间故事 258

06 童贞女得子

宇宙之母 265

命运的母体 271

救赎的子宫 276

童贞女做母亲的民间故事 278

07 英雄的蜕变

最初的英雄与人类 283

人类英雄的童年 285

战士英雄 300

情人英雄 307

国王英雄和暴君英雄 309

救世主英雄 313

圣徒英雄 317

英雄的离去 320

08 消解

小宇宙的终结 329

大宇宙的终结 336

后记

神话与社会

变形人 342

神话、膜拜与冥想的作用 343

今天的英雄 346

附录 353

注释 363

插图注解 386

致谢 399

约瑟夫·坎贝尔基金会简介 400

译者后记 402

通过目录可以看到全书分为三大部分，这样三部分的内在逻辑是，第一部分是铺垫，介绍单一的神话，人们眼中看到的一个一个神话是什么。第二部分是研究神话的共性，得出英雄的成长之路。第三部分是英雄在宇宙创世中的作用。

第二部分中，英雄的产生是一个过程，根据对这本书大概的了解，我们对第一节想象：首先踏上成为英雄的征程，某处有一个别人无法解决的困难，需要有人去解决，联想一下现实，凡是有灾有难有大困难时，都需要有人站出来。英雄冥冥中就是被选中去解决困难的那个人。但是最开始，他还是一个普通人，没有意识也没有能力去解决那样的困难，内心是恐惧的，不想去。在犹豫之际，这时候他意外获得一个武器，也可能是某种力量推动着他，甚至自己都没有意识到开始踏上英雄成长的征程，经历了第一个重大考验或生死考验之后，他的身体、精神或者能力获得成长，这时候相当于脱胎换骨，开始有了英雄的模样。无论是小说中，还是现实中，英雄都是从这样的起点开始的。

这是根据目录的内容，根据自己的经历——看过的、听过的及做过的，在大脑中想象的内容，这种做法看似简单，但却对之后的理解有很大帮助。

3. 段首句、引言段、副标题

各章节和段落也常用"自上而下"的写作法，先写总结，以最重要的内容开头，接下来写次重要，次次重要的，如此下去。如下文。

在日常生活中常见的写作类别多为说明文，包括报纸、大学论文、商业备忘和书信。说明文通常解释且总结一个主题或事件。从策略上来讲，写一篇说明文，总结或结语一般放在开头而非结尾，首先告知读者文章大意，再提供支撑观点的事例或细节，这样读者就不必猜测作者的中心思想。

……

从概念上来讲，我们愿意以下行的写作结构进行思考，即"下山"式地从总结到细节，而不是"上山"式地从细节到总结。

大部分作者都是按照这样的写作原则来进行写作的，这为读者阅读找到了一条捷径。根据这样的写作原则，最重要的句子，也就是段落的主旨句一般放在句首，通过阅读段首句，就能够获得作者的主要意思。本段后续内容是对段首句的解释说明，告诉读者段首句是怎么得来的，可能是举例子，也可能是演绎推理。如果对段首句不理解，可以从其后面解释部分进一步理解。当然，段首句是主旨句也并非绝对，需要根据实际情况来看。

引言段，通常起到承上启下作用，为即将介绍的内容进行开场，推出接下来的内容。

副标题，通常是对这个标题下的主要内容的提炼。看完副标题，就可以大概了解本标题下的主要内容。

阅读段落主旨句时，还要关注反复出现的新概念。围绕着书的主题，作者一般会提出一些新的概念，或者对一些常见的词汇进行新的定义，来帮助作者表达其思想。这些概念会在文中经常出现，对于理解文章十分重要，如果不能够深刻理解这些概念，构建出清晰的意义组块，可能会导致很多内容无法理解。

在全景阅读时，我们可以通过全文的阅读，发现这些在文中起关键作用的概念，并把其标记出来，根据需要决定是否需要先把这些概念搞清楚，对概念进行深入加工，在大脑中构建这些概念的意义组块，比如用自己的话复述出来，用图示表示出来，或者用自己的过往的经历来描述。对这些概念构建了清晰的意义组块之后，阅读时我们就能用这些意义组块帮助理解概念所表达的内容。

理解过程依靠对这些概念建立的意义组块，随着阅读的深入，我们会构建更清晰、准确和稳固的意义组块。

4. 挑一个与主题息息相关的篇章来看

找一个与主题息息相关的篇章看，来熟悉作者的写作习惯和风格，同时看看是否有自己想要的内容。作者的写作习惯和风格影响着阅读的体验。熟悉作者的写作习惯和风格，会减小阅读过程中的阻力，让阅读过程更顺畅。

我们选择《枪炮病菌与钢铁》中的一节来看看作者的写作风格。

第一小节：

在新西兰以东500英里处的查塔姆群岛上，莫里奥里人的长达几个世纪的独立，于1835年在一片腥风血雨中宣告结束。那一年的11月19日，500个毛利人带着枪支、棍棒和斧头，乘坐一艘船来到了。接着在12月5日，又有一艘船运来了400个毛利人。一群群毛利人走过莫里奥里人的一个个定居点，宣布说莫里奥里人现在是他们的奴隶，并杀死那些表示反对的人。当时，如果莫里奥里人进行有组织的抵抗，是仍然可以打败毛利人的，因为毛利人在人数上以一比二处于劣势。然而，莫里奥里人具有一种和平解决争端的传统。他们在议事会上决定不进行反击，而是提出和平、友好和分享资源的建议。

莫里奥里人还没有来得及发出那个建议，毛利人已开始了全面进攻。在以后的几天中，他们杀死了数以百计的莫里奥里人，把他们的许多尸体煮来吃，并把其余所有的人变为奴隶，在其后的几年中又把其中大多数人随心所欲地杀死。一个莫里奥里的幸存者回忆说，"（毛利人）开始杀我们，就像宰羊一样……（我们）都吓坏了，逃到灌木丛中，躲进地洞里，逃到任何可以躲避我们敌人的地方。但这都没有用；我们被发现了并被杀死——男人、女人和小孩，一股脑儿地被杀死。"一个毛利人征服者解释说，"我们占领了……是按照我们的习俗，我们还捉住了所有的人。一个也没有逃掉。也有一些从我们手中逃走的，这些人我们抓住就杀，我们还杀了其他一些人——但那又怎么样呢？这符合我们的习俗。"

莫里奥里人和毛利人之间这场冲突的残酷结果，本是不难预见的。莫里奥里人是一个很小的与世隔绝的族群，他们是以狩猎采集为生的人，所掌握的仅仅是最简单的技术和武器，经验，也缺乏有力的领导和组织。毛利人入侵者（来自新西兰的北岛）是人口稠密的农民族群，他们长期从事残酷的战争，装备有比较先进的技术和武器，并且在强有力的领导下进行活动。当这两个群体发生接触时，当然是毛利人屠杀莫里奥里人，而不是相反。

莫里奥里人的悲剧与现代世界和古代世界的其他许多诸如此类的悲剧有相似之处，就是众多的装备优良的人去对付很少的装备低劣的对手。毛利人和莫里奥里人的这次冲突使人们了解到一个可怕事实，原来这两个群体是在不到1000年前从同一个老祖宗那里分化出来的。他们都是波利尼西亚人。现代毛利人是公元1000年左右移居新西兰的波利尼西亚农民的后代。在那以后不久，这些毛利人中又有一批移居查塔姆群岛，变成了莫里奥里人。在这两个群体分道扬镳后的几个世纪中，他们各自朝相反的方向演化，北岛毛利人发展出比较复杂的技术和政治组织，而莫里奥里人发展出来的技术和政治组织则比较简单。莫里奥里人回复到以前的狩猎采集生活，而北岛毛利人则转向更集约的农业。

这种相反的演化道路注定了他们最后冲突的结果。如果我们能够了解这两个岛屿社会向截然不同的方向发展的原因，我们也许就有了一个模式，用以了解各个大陆不同发展的更广泛的问题。

第一节前四段段首句都是主旨句，总括本段的内容。最后一段是总结过渡段，总结前面四段的内容，接着引出接下来的论述。

再来看第二小节第一段：

我已经提到，毛利人和莫里奥里人的冲突代表一个中等规模的试验内的一个小试验。关于环境对人类社会的影响问题，我们能够从整个波利尼西亚学到些什么？关于波利尼西亚不同岛屿上的一些社会之间的差异？有哪些是需要予以解释的？

这段总结上一小节的内容，提出三个问题，引出第二小节的内容。

本章的最后一段：

总之，关于现存人类社会的与环境有关的差异性问题，波利尼西亚为我们提供了一个令人信服的例证。但我们只能因此而知道这种情况可能会发生，因为它在波利尼西亚就曾发生过。这在所有大陆上是不是也发生过呢？如果发生过，那么造成这些大陆的差异性的环境差异是什么？这些差异所产生的结果又是什么？

最后一段对第二章进行了总结，同时又提出几个待解决的问题，将读者引向下一章"卡哈马卡的冲突"。

作者在整本书的写作风格都与上面的第二节相似：段首句作为主旨句，统领一段内容，其他内容是对主旨句的解释说明。在一小节结束之后，用一段来总结本节内容，引出下一小节内容。在一章结束时，对本章内容进行总结，引出下一章内容。偶尔在总结段或引言段提出待解决的问题，激发读者继续阅读下去的好奇心。每一段、每一节和每一章的内容及其相互之间的联系皆有规律可循。

5. 其他内容

在全景阅读时，我们还要关注图片、图表、题注、文中文、黑体字/斜体字、字数/页数、出版日期、检阅索引等，以对该书有更全面的了解。

二、全景阅读的结果

全景阅读是全面的阅读，也是粗浅的阅读。目的是了解书的作者、主题、结构、写作风格，做出判断和选择——要不要读这本书；如果读，读哪一部分，还是从头至尾全读。

1. 选择不读

全景阅读之后，对书有整体粗浅的了解，除了因为一部分书确实没有什么价值之外，还有可能因为各种原因选择不读，比如当前的知识储备不够；或者这本书对解决当前问题作用不大；或者对这本书的价值认识不够，而没有兴趣等。

不管是否继续精读，即使理解不多，我们也会建立一个整体的、可能相对模糊的意义组块。

全景阅读之后，即使当下不读，我们都读完了一本书，对书也有了更多的了解，为将来再次阅读做了储备。以后某一天碰到一件事情，一筹莫展之际，忽然想起一本书里提到过相关的内容，直接找出来读就好，因为已经有了一个整体的认识，再结合实际的需求，阅读起来更有动力。

2. 选读或精读

如果决定读，那要怎么读呢？涉及是选读，挑自己感兴趣的那一部分读，还是全书通读。

选读

对于实用性的书进行选读，找到能解决自己问题的部分即可，能够马上帮助自己解决问题，阅读目的也就达到了。选读是目的性非常强的读书方法，也是最实用的方法。而选读的内容，在全景阅读时就已经明确了位置，可以一步到位。

精读

对于一些启发性、指导性强的书，尤其是很多经典书籍，需要全面阅读，深入理解，有时还需要反复阅读，每次阅读都会有不同的收获。

对于需要精读的书，要估算读完时间，制订阅读计划。根据格式塔原理，如果设定了阅读完的时间，在完成之前，我们会有一种紧迫感，优先安排阅读时间。我们经常会听到，太忙了没有时间读书。仔细观察会发现，即使有时间的时候，也不会阅读。这是因为没有为阅读制订计划，即使有时间了，首先想到的不是阅读，最后就是没时间阅读，读完一本书遥遥无期。

所以，将阅读作为一项重要的待办事项，估算阅读一本书的时间，并制订具体的阅读计划，有助于我们完成阅读。

那么我们怎么来估算阅读时间？在完成全景阅读之后，可以根据理解的难易程度，结合阅读速度来估算阅读时间。比如《禅与摩托车维修艺术》一共 376 页，30.2 万字，根据自己的阅读速度，大约 6 小时就可以读完。再考虑理解等因素，中间还要安排多一点的时间，那可以安排 7 小时读完。为了能够在一个相对短的时间内，获得连续的整体感，保持前后的连贯，促进对书的理解，能够找出一个整段时间最理想，一气呵成读完，对整体的理解会更好。如果没有整片时间，则尽可能一次多读一段时间，少安排次数。

如果读完有很多不理解，可以再继续读第二遍、第三遍。再次阅读的时候，因为已经有了整体感，从整体上和细节上储备了很多的意义组块，再来看之前不理解的地方，就可以有更多的意义组块来帮助理解，理解效果会更好。

三、全景阅读的注意事项

全景阅读的过程中,阅读主旨句的时候,很多人经常会被精彩的地方吸引,停下来深入地看下去,不再按照既定的路线前进。从阅读来说,碰到这种自己喜欢的地方就去阅读,无可厚非,但停下来会影响我们获得全书的整体感,建议先标记出来,等读完全书,再回来深入阅读。

第六章

阅读理解

"人工智能之父"马文·明斯基曾说:"如果只用一种方式了解了某样事物,你就不会真正了解它。了解事物真正含义的秘密取决于如何将其与我们所了解的其他事物相联系。通过联系,你可以将想法内化于心,从各种角度看问题,直到找到适合自己的方法。这才是思考的真谛!"

阅读理解也关系着阅读的愉悦感。如果看完一本书,留下很多不理解的地方,就会产生很强的挫败感,进而对自己产生怀疑。

阅读时,我们希望能够理解书中的内容。一般情况下,看了文字就知道作者表达的意思,能够理解作者的话,简单说就是"懂了"。但有时候,则会遇到一些理解的困难。

一、我们靠什么理解

在一种情境中已经明白弄懂的事情可以被转移和应用于另一种陌生和令人困惑的情境,从而使陌生的情境变得平常和熟悉,即得到解释和理解。

阅读时,看到文字后大脑中会调出相应文字的意义组块,这个意义组块是我们已经熟悉的。比如看到"狗"和"耗子",大脑中会出现与狗和耗子相关的画面。看到"狗拿耗子"一句话时,我们将这一句话中的文字所代表的意义组块调出来,进行组合,脑海中会呈现狗叼着一只耗子的画面。在我们的常识之中是猫叼着耗子,现在是狗叼着耗子,所以意思就是"多管闲事",我们就理解了这句话的意义。

就像拼图一样,一句话中不同的文字所代表的意义组块就是一个卡片,我们要将一句话中所有的卡片拼成一幅更大的有意义的图。如果能够拼出一幅相对完整的有意义的图,我们就理解了。这幅拼出来的图，是更大的意义组块。

有时候，可能拼不出一幅完整的或者特别清晰的图，但是依然能够看出来是一个什么事物，这时也能模糊地理解，但理解得不会很深刻透彻。如果是一堆零散卡片，无法组成一个我们熟知的有意义的事物，我们就无法理解了。

有时候，我们能够提取出多个场景的意义组块，也就是能够从多个方面帮助理解。比如，我在阅读《系统科学大学讲稿》时，理解系统的定义：两个以上事物或对象相互关联而形成的统一体，叫作系统；系统作为整体具有特定的功能，具有一定的结构等。身边的一本书、一列火车、一个教研室、一个国家，都是系统。这个时候大脑中出现各种书的画面、目录，序言等等，再深入一步，书是系统，书是由相互联系的文字按照一定的结构组成的统一体，其组分是文字，功能是表达主题，表面结构是章节按照一定次序的排列，实质结构是思考的逻辑。这样就是用书这个具体的事物来实现对系统概念的理解。如此再对一列火车、一个教研室、一个国家进行分析，就可以从多个角度来理解系统的概念了。

理解是靠大脑中已经储备的意义组块，这些意义组块是我们做过的、学过的、看过的、听过的事情的储存。如果某一领域内的意义组块数量足够多，那么对这个领域书的理解就相对容易些。反之，即使是再厉害的学者，如果不喜欢足球，没踢过足球，则很难理解一篇足球解说词。因为他没有相关的背景知识，无法建立相应的意义组块。

约翰·杜威在《我们如何思维》中说："头脑中意义储备量的增加，能使我们意识到更多的新问题，而只有把这些新的困惑转变为我们已经熟悉和明白的东西，我们才能理解或解决这些问题。""我们有效地思考的能力依赖于对大量意义的占有，在需要的时候就能运用这些意义。"

要想阅读时能理解得更好一点，我们需要的是不断增加大脑中相关领域的意义组块，让这些意义组块越来越清晰、准确和稳固。阅读时，看到文字表达，能够快速提取出这些组块，构建一个新的更大的意义组块。

作者在写作时考虑读者的理解能力。

作者一般都会为自己的读者画像，写书的时候已经做好基本的定位了——可能是为某领域专业人士服务的专业书籍，也可能是针对普通大众的科普书籍。作者会根据读者的定位来组织语言，力求能够让读者看得懂。专业书籍可能有更多的专业术语，从而提升表达的准确性，比如医学、金融、计算机等领域的书。科普书籍就要通俗易懂，没有相关知识储备的人也能够理解。

同时，作者在写作的过程中，也会帮助我们理解。作者在写作过程中，对于相对抽象的概念、总结性的话都会用相关的事例来说明，这些事例的描述都采用我们熟悉的语言，以帮助我们理解。

除了作者的帮助以外，我们自己怎么提升理解力呢？

二、如何提升理解力

1. 储备丰富的知识

首先是自己的知识储备。看过一些心理学的书籍，对心理学的基本概念术语有了一些储备，再去看另外一本的时候，就不会感到陌生。

我们靠自己已有的知识来理解新的知识。所有的新知识都是在旧知识的基础上发展起来的，与旧知识有着千丝万缕的联系，相关的旧知识越多,理解新知识就越容易。如果自己的知识储备充足,那么见到新知识,理解起来就会相对容易。所以,在某一领域的知识越多,再碰见该领域内的新知识,理解就会更容易,即所谓的有基础。

对于专业性强的书,需要有一定的基础知识储备,这些基础知识包括基本的概念、原理。有时候我们初次涉及一个领域,对自己所看的书的领域不太了解,不清楚这个领域内的发展状况。初看时,不清楚专业术语的内涵,不清楚具体是什么意思,看起来就像天书一样,无法理解。

若我们缺少基本的知识储备,则要去找找这个领域的入门书,了解一下这个领域里的专业词汇、表达方式、发展情况等,弥补一下基础知识的不足,让自己有一些旧知识,为看这个领域里其他的书的新知识做些储备。通常可以选这个领域的教材作为入门书。

有一本书叫《第五项修炼》,介绍的是组织学习的内容,其中第五项修炼是指系统思考,这是对系统科学的应用。我初次阅读的时候,还没有关于系统的基础知识,不理解为什么系统思考如此重要。

我在阅读了《系统科学大学讲稿》之后,有了一定的关于系统的基础知识,清楚了系统的内涵,又把《第五项修炼》看了一遍。这次看的时候,就知道为什么系统思考如此重要,因为组织作为一个系统存在,要想进步,就需要组织中的人思考问题时能够从整体出发。

阅读是获取大量知识的最快方法。阅读量越大,知识储备越多,储备的意义组块就越多,阅读时理解会更快。所以,我们会看到越是知识渊博的人,学习理解新知识更容易。

对于阅读新手来说,在阅读初期,理解会存在一定困难。随着阅读量增加,理解能力会增强,阅读的速度会更快,阅读的乐趣也会更多,从而形成良性循环。

所以，在阅读初期，我们不要过分纠结于理解，先提高阅读量，在大脑中储存丰富的意义组块，等阅读量提升之后，再来看之前不理解的地方，大部分就都能理解了。

2. 丰富经历会帮助我们理解

有些意义组块就是我们已有的知识、经历在大脑中的表达。我们都有过这样的体验，如果已经有了某一领域的实践经历，再去看相似领域的书，理解起来就很容易。如果没有这种经历就很难理解。

我之前买过一本《五天学会绘画》，当时看了几页，没有理解左脑和右脑的理论，不知道整体感是一种什么样的感觉，所以对于作者说的相信自己的眼睛，看到什么就画什么并不理解。后来，有一天陪孩子画画，我照着书上的图片画，画的时候怕画得不像，竟然用尺子去量图上的各个部位的尺寸，计算大致的比例关系，在纸上根据这些尺寸和比例关系将各个部位画了出来，结果看上去非常像。之后又画了几幅画，也还看得过去。

有一天我整理书的时候发现了《五天学会绘画》，拿起来重新翻了一下，豁然开朗，"哦，天哪，就是这样！"看着书中教的方法，大脑中呈现着自己绘画的过程，量尺寸、定比例，画阴影，等等，有些地方我做了，但做得不准确。在阅读的过程中，我自己绘画的过程不断在脑海中出现，这些就是我对绘画建立的意义组块，帮助我理解了书中的内容。

3. 先从整体上理解

《我们如何思维》中写道："所有的知识、所有的科学都试图掌握物体和事件的意义，而且这个过程总是把物体和事件表面的孤立性去除,把它们与由它们所联想到的更大的整体联系起来,然后反过来对它们进行解释、说明,也就是说,使它们具有意义。"

如果我们事先知道了这本书的主题,已经建立了一个大的意义组块,再阅读时,这个大的意义组块就是相关的背景,会帮助我们来理解组成它的小的意义组块。

《为什么学生不喜欢上学》中,作者举了一个实验的例子。

实验中,参与者会读到下面这一段文字:

步骤其实很简单。首先,你将物品分类摆放,当然数量不多的时候就不用分类了。如果你因为机器不够需要去其他地方,这是下一步的事,否则你差不多就可以开始了。很重要的一点是,不能使用过度,也就是说,最好少量多次而不是一次放太多。

这段话看上去非常简单,但刚刚读时很难理解。这段话难以理解,倒并不是因为有不认识的生僻单词,而是每一句都能理解,但是无法将各个句子拼成一个完整的意义组块,也就是说我们不知道这些工作是"干什么"。如果之后再问起这段文字,你也不会记住太多细节。

如果一开始就告诉你这段是关于"洗衣服"的,再看看你能不能理解了呢?你可能会说,这不就是洗衣服吗,有什么难以理解的呢?已经知道是在说"洗衣服",在阅读时,上面文字中每一个文字在大脑中都会有对应的画面出现,我们大脑中就会调出与"洗衣服"相关的意义组块,整个使用洗衣机洗衣服的流程也是我们熟悉的,上面这段话里的每一个动作我们都很清楚,所以很容易理解。

这也是为什么要先从整体上把握书的主题的原因。从整体上把握书的主题,先构建一个整体的意义组块,明确了要做的事情,阅读过程中看到的细节都是为这个主题服务的,再结合其他意义组块,理解就会变得容易。

前文所说的全景阅读，就是帮助大家建立整体的意义组块，如果需要继续深入阅读理解时，全景阅读建立的整体感会帮助理解。作者因为写作规范的要求，只能逐一线性论证。在这个过程中，如果遇到一句或者一段不理解的，一定要马上弄懂吗？不一定，因为死抠某一句话并不能帮助理解。可以往后多看一点，联系更多的内容，组成一个更大的整体来帮助理解。还有些时候，有些内容不是这本书的关键，不理解也并不影响自己的阅读目的。等到全书读完的时候，会发现那个地方已经理解了，或者那个不理解的地方对自己获得阅读目的完全没有影响。所以，在阅读过程中，不要因为有一点不懂或不理解就停下来。

很多书，并不属于某一个专业领域，也并不需要特别的专业知识来理解，但理解起来并不容易，这个时候怎么才能更好地理解呢？即使一本书对你来说是一个全新的领域，第一遍读的时候没有读懂，也会熟悉整本书的内容，对书中的内容有一个粗浅的了解，这个了解相当于为我们储备了一定的背景知识，需要再读的时候，会理解得更好。在正式阅读之前，可以通过多了解作者的成长背景，了解作者所介绍的领域，随便翻看一些内容，都是有助于理解的。

这就是整体的背景帮助理解的作用，可以帮助我们快速识别相似的场景，带我们进入自己熟悉的情境中，还能够为模棱两可的内容提供具体解释，因为背景知识帮助我们确定了理解的边界。

4. 提问会帮助理解

遇到不理解的地方，在大脑中无法提取出相关的意义组块来帮助理解，这个时候要做的是尽可能多地找到与要理解的内容相关的意义组块。启动这个寻找过程的是提问。

通过提问启动思考，去寻找相关的信息。提问为思考指明了方向。

斯科特·扬在《如何高效学习》里，在说到对于抽象的公式的理解时说："一名整体性学习者对前面提到的公式会怎么做？先去获取，然后理解公式的本来的意思，接着开始拓展它。他会问：公式是怎么来的？公式中的每个成分代表的真实含义是什么？公式中的成分可以做哪些改变？这种改变会导致结果发生什么样的变化？其他公式与这个公式有什么相同之处，又有什么不同之处？"

看了斯科特·扬的这段提问，我第一时间想到的是系统。套用一下就是：这个系统是怎么来的？系统的组分是什么？哪些组分可以改变？改变之后会导致系统发生什么样的变化？其他系统与这个系统有什么相同之处，有什么不同之处？

提问可以从哪些方面进行呢？斯科特·扬提出拓展的三个方面——深度拓展、横向拓展和纵向拓展，我们可以学习、借鉴。

第一个是深度拓展提问，追问来源。

比如，知识从何而来？结论来自何处？一个发现是如何做出的？事物为什么以这样的方式存在？深度拓展是在事物内部创造联系，以结论为开始，往回追溯得出结论的过程。比如，试验谁做的？怎么做的？怎么想起来做的？

第二个是横向拓展提问，寻找周围的知识。

比如，知识不会孤立地存在，与此类似的结论还有哪些？是哪些地方类似？不同的地方在哪里？同一时期还有哪些其他的发现，同一个发现者还有哪些发现，在同一领域里还有哪些发现？围绕这一结论有哪些其他的事实？

第三个是纵向拓展提问，寻找同结构的知识。

比如，生活中有相似的事情吗？这两件事情之间有什么相似之处吗？这个时候将提问转向现实生活，将要理解的内容与生活中常见的事情建立联系，尝试通过直观形象的表达来帮助理解。通常比喻、类比也可以帮助进行纵向拓展。

比如，理解欧姆定律（$I=U/R$）时，我们经常把电流和水流相类比，沿着电线流动的电子就像沿着管道流动的水。如果管道一端比较高，另一端比较低，从上到下就会产生压力，水就会流动，但管道内的摩擦力会使水流变慢。相比看不见的电流来说，水流直观形象，可以帮助我们理解。

除了遇到特定的问题时可以提问，在阅读的全过程中均可以通过提问来增强理解。

比如在阅读之前，我们可以提问：为什么读？将要用在哪里？这本书的主题是什么？这本书的整体结构是怎么样的？这些问题提醒我们从宏观上把握书的内容，去建立整体的意义组块。

5. 对抽象知识的理解

对于很难理解的抽象知识，还可以通过画出相关的结构图或者思维导图来帮助理解。通过结构图，可以让我们看到文字无法看到的特征，也能够充分发挥右脑的功能。

用关键词表达的思维导图，可以触发想象，想起更多相关的信息，与更多的信息建立联系。同时，思维导图能够在一张纸上将全部内容展示出来，可以看清楚各个信息之间的联系，帮助梳理相应的结构。绘制思维导图的过程可以与提问的过程结合起来完成。

思维导图还可以与系统的特征结合起来。本质上，思维导图就是一个系统图，具有相应的组分、结构层次，可以实现一定的功能。

6. 暂时休息一下，让发散模式发挥作用

《学习之道》中介绍我们有两种思考模式：专注模式和发散模式。

专注模式像大脑闭关静修。"它是利用理性、连贯、分解的途径直接解决问题的一种模式。专注模式与大脑前额叶皮层集中注意力的能力相关。你把注意力集中在某样东西上，然后砰的一声，专注模式就开启了。"

发散模式像大脑去云游四海。"如果我们在一个问题上挣扎了许久而不得思路，它会冷不防地提供一个新点悟。同时，它也与宏观视角相关联。当你放松注意力，任由思维漫步时，发散思维模式就出现了。松弛的状态让大脑的不同区域得到相互联络的机会，并反馈给我们宝贵的灵感。"

当遇到无法理解的内容时，我们可以暂时放下来，先不去理它，从高度集中的专注思维模式中解脱出来，休息一下，或者做点别的，给发散思维模式留出时间。

通常，发散模式需要专注模式提供原材料，在专注模式生成了初步思路之后，发散模式的灵感才源源涌现。不像专注模式沿着一个固定的路径进行，发散模式相当于给了大脑广阔的空间，让其对专注模式提供的原材料进行自由加工，天马行空的组合试验，我们不知道什么时候就会得到灵感，在某个瞬间找到衔接的桥梁，兴奋地说了一句："我懂了！"

7. 理解发生在书外

不理解的时候不要死盯着书，理解可能在书上，也可能在生活中。

与上面让发散模式发挥作用一样,阅读书上的内容,有时候对某一句话百思不得其解,在大脑中留下一个问号,不再想它。某一天你在生活中看到一个小的现象,就会突然想起之前阅读时没有理解的内容,"哦,原来是这样!"

三、理解的表现

阅读时的理解程度决定了阅读的效果,以及阅读目的的实现。因为每个人所具有的背景知识不同,理解能力有强弱之分,是否理解、理解多少、理解什么都没有统一标准,主要是读者的自我要求。

理解的标志之一,是对所理解的对象能用自己的话表达出来,包括对语言材料能加以改组,改变其表达方式。 对某事物理解不确切,难以用自己的话表述,或仅能背诵原文,这说明对文句或事物并未有真正的理解。

理解的另一标志,是根据对某一事物的理解,能独立完成所需要的动作。 如仅能根据他人的指导来完成它,也不能认为有真正的理解。对客体进行实际操作常能帮助理解。

在理解的过程中,言语表达和实际动作有时并不一致。良好的理解应是二者的结合。

靠行动检验理解需要更长时间和合适的机会,所以一般阅读时,检验是否理解通常采用复述的形式。读懂了吗?读懂了,那就用自己的话讲一讲吧。

复述,是指在理解的基础上,把原文重新加工,换一种形式表达出来。就像三四岁的孩子背诗,听一遍就能背下来,但是不知道是什么意思。像这样一字不差地背出来,并不能代表理解了,只是记忆力较好而已。真正的理解,像把一篇英文翻译成中文,只有真正理解了英文的意思,才能准确翻译出来。

印度电影《三傻大闹宝莱坞》里,有一个片段,很形象地表现了什么是理解。

教授让主人公兰彻说出"机械装置"的定义,兰彻说:"能省力的东西就是机械装置。机械装置让工作变得简单化,也能节省时间。今天很热,按下开关,得到阵阵凉风,风扇就是个机械装置。和千里外的朋友说话,电话,是机械装置。快速运算,计算器,是机械装置!"

教授扔了一根粉笔,生气地问:"定义是什么?"

这时候另一位同学站起来,流利地把答案背了出来:"机械装置是实物构件的组合,各部分有确定的相对运动,借此,能量和动量相互转换,就像螺丝钉和螺帽,或者杠杆围绕支点转动,还有滑轮的枢纽之类的……"

教授说:"太棒了!"

兰彻说:"可是老师,我用简单的语言表达了同样的意思。我们必须理解它的含义,不能做死记硬背的书呆子。"

他被教授赶了出去,然后又返回来拿东西,教授问他拿什么。他说:"记录、分析、总结、整理的工具;讨论并解释知识;有图的和没图的,硬皮的、软装订的,有护封的、没护封的;有前言、简介、目录、索引;用于人类大脑的启示、理解、改进、加强和教育,通过视觉实现,有时也用触觉。"

教授被搞晕了,问兰彻这是什么。兰彻回答说:"是书!"

教授责备他:"你干吗不说简单点?"兰彻回答:"我之前试过了,没用。"

"用简单的语言表达同样的意思",是检验是否理解的一个重要的标准。

《如何阅读一本书》中，作者写道："你能不能举出一个自己所经历过的主旨所形容的经验，或与主旨有某种相关的经验？你能不能就作者所阐述的特殊情况，说明其中通用语一般的道理？虚构一个例子，跟引述一个真实的例子都行。如果你没法就这个主旨举任何例子或做任何说明，你可能要怀疑自己其实并不懂这些句子在说些什么。"

复述内容有多种形式，可以举例子，也可以用讲故事、画图等方式，只要能够表达你的理解都可以。复述的过程，就是用已有的知识、经历去解释新的知识的过程，需要真正理解才能做到。

阅读是对自己的知识和经历的再次解释，而理解是用自己的知识和经历去解释新的知识。复述是检验理解的简单有效的方式。

第七章

阅读记忆

培根说:"一切知识的获得是记忆。记忆是一切智力活动的基础。"记忆是思考能力、创造力的必备原料,没有知识的记忆,也就没有知识的应用。

记忆的基础是理解,主要包括记什么,怎么记以及定期复习三个方面。

一、阅读记什么

阅读的记忆,首先明确要记住什么。没有记忆的目标,记忆就无从谈起。读完一本书,标记了很多重点,这只是一种习惯的行为,是看过这本书的记录,并没有明确记忆内容。

阅读记忆与听老师讲课的记忆不同。

听老师上课时,要记忆的知识点是明确的,由老师选择。老师把这些知识点一一解释,让学生理解,特别重要的地方,老师会特别强调,一边敲黑板一边说:"请同学们注意,这个是考点。"学生听了,在书上或笔记上标注一下,课后会一遍又一遍地复习。

书上,作者会对重点内容进行强调,通过小标题、加黑等形式让重点内容与众不同,希望引起读者注意。除此之外,还有更多的内容,隐藏于段落之中,需要读者去发现。

但无论怎么样,没有哪本书会告诉读者哪些是知识点,哪些以后会有用,也没要求读完必须记住什么。

阅读时,读者自己选择记忆的内容。很多时候,读者把这件需要自己做的事忽略了。要记住什么是阅读过程中主动选择的结果。主动意味着要有意识地去思考和判断,哪些值得记忆。选择之后,还要去加工和复习。

确定要记住什么,相当于给了自己一个明确的目标,有了目标之后，就会集中注意力去完成。

要记住的内容可以多种多样。《诗的无限》中，美学大师朱光潜说："同是一首诗，作者和读者各时所见所感不能相同，正如同是一片自然风景，对于不同观众在不同的时候可以引起不同的意象和心情。"

所以，对同一本书，同一句话，不同的人有不同的理解，所以选择要记住的内容也会有所不同。即使同一本书，不同时间看，也会有不同的感悟，想要记住的内容也会有所不同。这些会随着个人的知识和经历的变化而变化。

阅读时，觉得哪句话有用，哪个故事有趣，哪些能给自己带来哪些启发，或者读完之后所感所悟，都可以作为记忆的内容。

我阅读完《英雄之旅》，了解了坎贝尔自我探索的一生，他像自己笔下的英雄一样，经历英雄成长的过程，成为神话大师。除此之外，我只记住一句话："当人们说他们在寻找人生的意义时，他们真正寻找的是对人生的深刻体验"。人生的意义是什么？人生本来没有意义，是我们自己赋予了意义。意义的获得源于对所做之事的深刻体验，而深刻的体验源于热爱和专注。

虽然要记住的内容可以不同，每个人也有自己的选择，但总有一些内容是共同的。这些共同的东西来自作者，从作者的角度出发，有一些共同内容值得读者去关注。比如书的主题，关键组分，包括核心概念以及作者提出的新方法、新理论等。

记住书的主题——这本书作者要解决的问题，即对书有了整体的认识。当下可能并不觉得有用，记住主题之后，相当于在自己的库房里贴了一个标签，以后有需要的时候，可以直接来找。对于主题，可以用原文，也可以用自己的话来概括。

书中的关键组分是作者要阐述或者要介绍的最重要的内容，可能是一个新的概念，新的理论，也可能是一个故事，是整本书的核心所在。

这些是建议的记忆目标。这些内容区别于其他内容，就像一个记忆触发器，在需要的时候，帮我们想起书上的内容。

二、如何记忆

知道了要记住什么，接下来就是怎么记的问题。

1. 低效的记忆方法

怎么记呢？我们最熟悉的方法，是多看几遍。多看几遍就能记住吗？我们经常会获得一些错误的记忆建议。在《认知天性》中有这样的例子：

> 事实上，学生们获得的建议通常是大错特错的。举例来说，乔治梅森大学网站上的一条学习建议就是："学好某事的关键在于重复。复习的次数越多，永久记住的概率就越大。"另一条来自达特茅斯学院上网站上的建议则说：先有记忆的欲望，才有可能记住。《圣路易斯邮讯报》上偶尔出现的公益漫画板块给的学习建议是，让孩子把脑袋埋在书里。"专心致志"，漫画的注释写道，"集中注意力，而且只集中在一件事情上。重复，重复，重复！重复必须记住的事情，可以让你牢牢记住它。"

人们盲目迷信反复阅读，功利性记忆，以及重复的作用，但真相是，只靠一遍遍重复通常记不住什么东西。如果想在电话里输入一个号码，反复默诵数字可能是好办法，但在学习中，这样做是不会有持久效果的。

上学的时候老师说得最多的就是"多看几遍就记住了"，所以最常见的记忆方法就是一遍又一遍地重复读，重复写，看上去像做错了什么，在惩罚自己一样。但却被很多学生寄予厚望，他们希望通过这个简单的方法记住，但效果并不好。

这是低效的记忆方法。

2. 记忆就是要建立意义组块

记忆是大脑完成的工作，随着对大脑研究的深入，科学家获得了越来越多的大脑工作的原理，可以帮助我们提升记忆效果。

《科学学习》中，作者指出："真实的记忆网络是非常复杂的，但其基本原理却非常简单：连接在一起的信息相互触发，相互触发的信息连接在一起。"相互联系的信息越多，回忆的时候被触发的概率就越大，记忆的效果就越好。

检验记没记住就是看需要时能否回忆出来。能否回忆出来，取决于与之相联系的信息多少。比如要记住 B 信息，已经有了 A 信息，我们在 A 与 B 之间建立了联系，回忆的时候就可以通过 A 想起 B。除了 A，B 还与 C、D、E、F 建立了联系，如果一时没想起 A，想起了 C、D、E、F 中的任意一个，也可以想起 B。

一次朋友聚会，中间做一个游戏，约定每人讲一个笑话，轮到我讲的时候，大脑一片空白，曾经看过那么多笑话，需要时竟然一个也想不起来了。这时媳妇提醒我，你就讲"小青蛙"那个。我一听到"小青蛙"，大脑当中立刻浮现出小青蛙的形象，那个笑话一下子想起来了。很多人都遇到过这样的尴尬，见到一个认识的人，但记不起来名字，对方说，上次咱们在北京一起开过研讨会，一下子就想起来了。

从上面可以看出，要想记得好，就要将要记住的内容与我们已有的内容建立联系，建立的联系越多越好。《认知心理学及其启示》中有一个结论："记住的材料数量取决于加工水平，不取决于学习的意愿。"

在《聪明教学7原理》中的一条原理是："学生组织知识的方式会影响其学习方式和知识运用。学生自然地把各种知识联系起来。当这些联系构成准确而有意义的知识结构时，他们对知识的提取和运用就能变得更加有效和充分。反之，如果知识的组织方式不准确或随机化，他们就不能恰当地提取或应用这些知识。"

这些准确而有意义的知识结构，就是我们前面所说的意义组块。

在《学习之道》中介绍了组块对于应用的重要作用。组块就是根据意义将信息碎片组成的集合。你可以把 p、o 和 p 三个字母连在一起，组成一个有意义的、便于记忆的组块——单词 pop。

组块就是系统，将不同的组分按照一定的结构组成一个有意义的整体。系统的功能就是这里的意义。在将信息组成系统时，不是进行随意的组合，而是要有一定的逻辑，这个逻辑就是系统的结构，这样组成系统的信息之间相互依赖，联系更加紧密。

所以，记忆的过程就是对要记住的内容进行加工的过程。将要记住的内容与已知的信息组合成意义组块，通过意义组块建立深刻和广泛的联系。

深刻是指联系的紧密性，要记忆的内容和已有知识构成具有较强意义的组块。这个意义组块在大脑中已经非常清晰、准确、稳固。比如之前说的电流与水流，想到水流时，很容易就能想到电流。

广泛是指把要记忆的内容与多个信息建立联系，形成一个更大的意义组块。这个组块中包含的信息越多越好。除了把 B 与 A 建立联系之外，再看看能不能与 C、D、E、F 等更多的信息建立联系，这样，如果想不起来 A 时，通过 C、D、E、F 来想起 B。比如要记住一个人名，当时见到这个人的地点，旁边有的人，说的话，天气怎么样，穿什么衣服，等等，都可以成为意义组块的内容，组块包含的信息越多，被触发的可能性越大。

3. 加工意义组块的方向

研究发现，记忆效果好需要符合这样的条件：与已有知识有联系；突出或独特而被强调；对五官之一有吸引力；特别感兴趣。符合这些特征的内容容易被大脑记住。大部分不经意间记住的内容都符合以上的特征。

这为我们加工过程指明了方向，通过与已有知识建立意义组块，让这些意义组块具备以上特征。

突出或独特而被强调的内容。大脑有猎奇的倾向，喜欢与众不同的信息。阅读的时候，有人"敲黑板"说"这是本书的重点"，大脑便会努力去记住。编出独特故事就是制造出突出或者独特的内容来帮助记忆。

对五官之一有吸引力的内容。凡是好吃的、好看的、好听的、好闻的信息都会让我们记忆深刻。同样，非常难吃的、难看的、难听的、难闻的信息我们也会记忆深刻。那些我们越不愿想起的事情，反而会常常出现在脑海中。

特别感兴趣的内容。如果对某些内容感兴趣，对与其相关的内容了解得就多，同时会投入更多的注意力。上学时，有的学生喜欢足球，可能对五大联赛的球星如数家珍，但却记不住元素周期表。

《全新思维》一书介绍了全新思维的六个必备能力，分别是设计感、故事力、交响力、共情力、娱乐感、意义感。这六个能力可以建立一个什么样的系统呢？六个必备能力，可以简称为"刘备"，

《三国演义》中，刘备为了请诸葛亮出山三顾茅庐。现在看了全新思维之后，刘备设计了一套全新的请诸葛亮出山的方案：刘备设计了一个故事，邀请诸葛亮一起去国家大剧院听交响乐，产生共情，通过这样一次娱乐，让诸葛亮找到了生命的意义，决定辅佐刘备打江山。

刘备和诸葛亮的故事是我们熟悉的，六项必备能力，用刘备请诸葛亮出山联系起来。

4. 理解是记忆的基础

如何保证加工得好呢？要想加工好，首先要理解。理解是记忆加工的基础，也是记忆的开始。

理解是提取已有的意义组块来组合成一个新的意义组块的过程，如果能组合成一个新的意义组块，就理解了。理解的过程，也是提取已有知识的过程，但这个时候提取的仅仅是与要理解的内容有关的。

如果不理解，就不能进行深入的加工，不理解时只能从文字表面进行加工，比如使用定桩法、谐音法等等，都是对文字表面的处理，无法深入。不理解，记忆就会陷入鹦鹉学舌，知其然不知其所以然。而这种处理，对实际应用时的作用不大。

所以，要记忆，首先要理解透彻，理解的过程也是记忆的过程。检验是否理解的方法是用自己的话进行复述。组织复述语言的过程，也是对记忆内容进行加工，将要记住的内容与已有信息建立恰当合理的联系。如果能用多种形式来复述，相当于建立了多种联系，这种在理解基础上建立的联系的深度和广度都远超单纯用记忆技巧建立的联系。

理解得好，有助于记忆，也有助于应用，而记忆得好有助于应用，应用反过来会促进理解和记忆。理解的过程靠的是已有的知识，记忆的过程靠的是与已有知识建立联系，记忆和理解实现了统一。

5. 记忆触发器

在加工过程中，概念术语比较容易加工，对于一段话或者自己总结出来的内容，如何加工呢？需要一个桥梁——关键词，将要记忆的内容总结提炼为一个关键词。这个关键词就是记忆的触发器，通过前面建立的联系摸索到这个触发器，记忆的内容就会倾泻而出。

记忆触发器也是对记忆内容的高度浓缩，通常是与记忆内容联系密切的一个词，要求生动形象，具有典型代表性，最好是名词，细节清晰，形象夸张，再配合声音、颜色、动作等，更有利于记忆。如上文的小青蛙，可以这样来记：一只三条腿黄色的青蛙，拄着拐杖，呱呱叫了几声之后，来个后空翻跳到了水里。这个过程也是上文所说的加工的过程。

在复习阶段，只要看到这个词，就可以回想起与其相关的一切内容，会降低记忆的量。

6. 情境记忆

情境记忆指在记忆的时候，想一想实际生活和工作中，是否有可以应用的情境，也是将要记住的信息建立联系的方式之一。在可能应用的情境中进行模拟，这样就将知识与现实生活建立了联系，丰富了记忆的线索。这种方法有助于在需要该知识的时候，因为现实场景的出现，会触发记忆，使大脑快速想起相关的知识。

在记忆《非暴力沟通》的四要素，我模拟了三个常见的沟通情境：第一个是家里和家人沟通孩子教育的情境；第二个是课堂上与学生沟通认真听讲的情境；第三个是工作中处理员工未按规定工作的情境。这些情境也是记忆内容的一部分。

7. 构建知识体系记忆

《聪明教学7原理》中写道："专家所具有的模式识别及近乎本能的反应能力，不仅能帮助他们解决问题，还提升了他们的记忆水平……研究者将这种高超的记忆水平归因于两点：一是专家能够在头脑中成功地表征整张图，二是专家能够识别每幅图的特征。然后他们就能根据有意义的结构布局，察觉图中的视觉信息，并运用这种知识帮助自己记忆所看到的内容。"

知识体系就是将知识组成一个复杂的、相互关联的整张图。建成知识体系之后，我们就能够像专家那样对知识进行提取，增强我们提取信息的能力。

知识体系是相互关联的知识构成的整体，按照一定的结构层次排列，各类知识之间联系密切，共同处理某一类问题，具有明确的应用情境。将某个知识纳入到一个知识体系，能够帮助我们记忆。"如何通过阅读构建知识体系"将在本书第九章进行讲解。

8. 思维导图帮助整体记忆

一本书是一个整体，记住一本书的主要内容，就可以根据整体的内容，慢慢回忆起与整体相关的内容，因为这些内容是整体的组成部分，了解这些组成部分在整体中的位置与作用，会更有助于通过整体来回忆具体的细节。

一本书通常具有丰富的情节来实现作者的目的，作者会通过故事实例等介绍知识点的由来，这为记忆的加工增加了更多的可以使用的细节。

在记忆过程中，我们如果能够先记住整体，记住整体之后再去记忆部分，就会相对容易得多。从记忆的数量上看，我们的记忆层级是先高级，再低级，每一个高级包括若干低级。所以在面对大量的要记忆的内容时，我们先将其分类组合，这样会降低很多回忆的压力。先记住高层级，根据某一高层级，再去记忆此层级下的内容就会容易得多，因为在分类的过程中，每一类都具备相似的特点和功能。

思维导图是能够帮助整理知识的工具，和知识体系的构建过程类似，能够将一本书的知识按照书中的结构层次展现在一张图上，从效果上实现先整体后细节，一层一层记忆。图7-1是我阅读完《精力管理》后结合自己的体会绘制的思维导图。

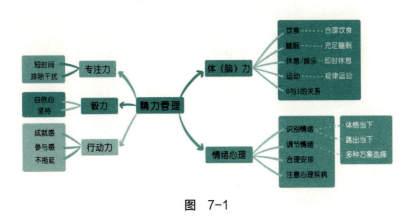

图 7-1

9. 及时回想

及时回想指阅读过程中停下来回想。在读完一章或一节之后，停下来，回想一下看过的主要内容，或者选择要记忆的内容，也能帮助记忆。

《学习之道》中介绍了期刊《科学》中的一项研究成果有力地说明了这一点。

研究者让学生在学过一段科学性文字后，通过尽可能的回想信息进行练习。之后再次学习该文段内容并回想（即让他们努力记住关键概念）。

结果怎样呢？相同时间内，仅靠对材料的练习和回想，学生的习得内容和学习深度都远超过了其他方法。

这就进一步印证了之前提到的观点。提取知识和回想知识让我们不仅仅是重复的机器，提取过程本身增加了学习深度，并且帮助我们逐渐形成组块。

人们本以为，仅多次重复阅读或者画概念图应有助于增进脑中学习材料间的联系，而事实并非如此。及时回想，这种改进的学习方法，不管是在正式考试还是阅读记忆中，都能派上用场。

三、阅读需要复习吗

遗忘是人类的本能。阅读过程中，瞬间感悟较多，也能记住一些内容，但过一段时间，大脑会遗忘一些内容，时间久了，会遗忘掉大部分内容。

为了记得住，我们要做两件事情，一是刻意加工，加工成记忆效果好的意义组块，主要表现为清晰、准确，为长期稳定的记忆做准备，加工得好能延长遗忘时间。二是定期复习，在记忆衰减之前进行复习，让加工好的意义组块更稳固。

1. 如何复习

复习时，看一眼原文，然后你就觉得记住了吗？复习的时候要避免能力错觉。能力错觉就是"仅仅看一眼问题答案，就以为自己会了，但在需要的时候想不起来，或者想不准确。"复习时，看的次数多了，就觉得自己对材料都熟悉，认为自己记住了，但其实并没有记住。

那怎么复习呢？

第一，先检索，评估记忆效果。

检索本身是检查记忆效果的方式。通过检索，知道哪些已经记住了，哪些还记得不好，对于记住的内容则不再投入更多时间。对于无法回忆出来的内容需要分析没记住的原因，并进行再次理解加工。

检索本身就是记忆的一种方法，通过检索努力去寻找能够触发意义组块的信息，会让大脑继续巩固意义组块。在《认知天性》中，作者写道："在诸多研究成果中，有一项发现非常重要：主动检索——考试，可以强化记忆，而且检索花费的心思越多，受益就越多。"通常我们付出越多努力去做一件事情，在这个过程中构建的意义组块越清晰，这样会让记忆越深刻，甚至终生难忘。

认真回答自己的问题。检索是要检验记忆效果，相当于自己提出问题并回答，不是在大脑中想一想，过一遍，觉得自己知道答案，就过去了，这样并不能检验出是否真正记住了。而是要将信息表达出来，即用自己的话将答案复述出来，可以说出来，也可以写出来。与检验理解一样，我们可以用多种方式回答自己的问题。可以用自己的话，画一幅图，编一个故事，举一个现实中的例子。

尝试说出来或者写出来，能够检验我们记忆得是否清晰，准确。

我们在思考的时候，觉得很清楚，要表达出来的时候，发现并不容易。既要逻辑清楚，还要符合表达习惯，对我们提出了更高的要求，也需要付出更多的努力。但这样的努力并不白费，强化记忆的效果明显。

第二，对没记住的内容进行二次加工。

检索后，对没记住的内容要进行分析，找到没记住的原因。可能的原因是没有理解，建立联系的信息少，不紧密，没有构建成有意义的组块。这时，需要对这些内容重新进行加工，而不仅仅只是再看一遍了事。这样就实现了对要记忆内容的一一攻破，有哪些记忆难点也非常清楚，之后多加关注。

2. 复习周期

根据遗忘规律，遗忘先快后慢，先多后少。《学习之道》中建议，"别扔太久之后才去练习回想，那样你每次都得从头开始巩固概念。特别是对初次学到、还颇有挑战的知识，最好是 24 小时内就和它们亲近一下。"这里作者说的回想也是复习。

根据遗忘的特点，人们总结出五次复习法，在记忆量的高点进行复习，让记忆保有量一直处于高位。具体如下：

首次是在刚刚阅读理解之后当天复习；第二次是在第 2 天复习；第三次是在学习 1 周之后复习；第四次是在学习 1 个月之后复习；第五次是在学习 3～6 个月后复习。这样的复习周期对于要形成长期记忆非常有用。五次复习是一个比较理想的复习周期，我们可以根据自己的情况进行适当调整，适当缩短或延长复习周期，或适当减少或增加复习次数都可以，具体效果可自行检验。

在《十七天搞定 GRE 单词》这本小册子里，作者就充分利用了这样的记忆规律，排出复习周期，来提升记忆的效果。作者按照三个单元一组，将整本单词书的 50 个单元分为 17 组。将复习周期定为当天、第 2 天、第 3 天、第 8 天、第 15 天。这样每天 1 组，依次增加复习的量，第 17 天将全部的单词复习完一遍，第一组恰好复习完五遍，在接下来的 14 天里，可以将剩下的单词全部复习五遍，以实现较好的记忆效果。

上面背单词的例子，看似很烦琐，真的有必要吗？

到底有没有必要，取决于要记住的内容对于自己的重要程度，如果需要长期记忆，定期复习就显得尤为重要。

五次复习法的周期充分利用前期加工结果，这样不用每次都像学习新的内容，需要重新加工一遍，只是让原来构建的意义组块更清晰、更稳固。

上大学期间，大部分同学学完之后，一般在临考前复习，这个时候，之前老师讲解的内容忘得干干净净，基本上是相当于自学一遍。与这样的状况相比，五次复习法的效率更高，记忆的效果更好。

第八章

阅读应用

每一本书都是历史,是作者对自己学习、实践和思考结果的集中体现。人类生活的世界并没有学科专业之分,我们每天遇到的问题是错综复杂的,可能会涉及物理、化学、人文、法律等等,每一个角度去观察、思考、学习、实践,最后的结果是形成很多个研究领域。每一个领域都有很多人研究,体现在各种类型的书上。随着人们认知的发展,一部分被证伪,或者没有价值,自然淘汰了,传承下来的都是智慧的结晶。

阅读是从别人的视角来看问题,让别人帮助自己寻找答案。

"未经审视的人生,是不值得过的",苏格拉底的这句话让无数人认真审视生活。威尔·施瓦尔贝认为,阅读是最好的学习如何审视自己生活方式的方法。他说:"比比看自己做过的事和别人做过的事,自己的想法、理论、感受和别人的想法、理论、感受,你会愈发了解自己和周围的世界。也许这就是为什么阅读是少数几个独自完成却让人感觉不那么孤单的事;阅读是一个连接他人的个体行为。"

在书中,我们可以通过别人看到过去发生在自己身上的事情,也可以通过别人看到未来即将发生的事情。看到发生在别人身上的同类事情,别人是怎么想的,怎么处理的,为自己的百思不得其解找到答案,也可能顿时释然,觉得没什么大不了的。还能够学习借鉴别人的经验,用正确的方法,处理好未来发生的事情。

一、阅读的过程之用

毛姆说:"阅读是一座随身携带的小型避难所。"

2020年初发生新型冠状病毒疫情,在武汉的方舱医院里,有一位躺在床上看书的青年受到人们的关注,人们钦佩他在那样的条件下,在生命受到威胁时,还能够从容淡定地阅读。对于从不阅读的人来说，那是不可思议的，怎么能做到呢？不阅读的人永远体会不到。

阅读可以让我们感受到平时看不见的美。阅读过程中，看到有趣的故事，很美的文字，都能给我们带来愉悦感，帮助我们度过美好的时光。这是阅读过程的价值，也是阅读最大的乐趣。喜欢阅读的人，享受阅读的过程，读的过程就是在用了，对这些人来说，阅读就是生活，别的都不重要。

阅读能让人静下心来。当今喧嚣的世界，让宁静离人们越来越远，书在喧嚣的世界里，偷偷地为我们留下一扇通往宁静世界的门。透过文字感受其他方式无法感受到的世界、人性、思想，还有美。

阅读会减轻焦虑。焦虑来自于对未知的恐惧，阅读可以帮助我们消除恐惧。不断输入的信息使大脑越来越充实，无论理解程度怎么样，我们读完一本书都会获得一些东西，像手里攥着一个粮袋，随着不断增加的粮食，心中会越来越踏实，即所谓"手中有粮，心中不慌"。

阅读是独处的最好的方式。说是独处，其实不准确，陪伴我们的人从书中来到我们的大脑中，我可以做观众，也可以扮演主角，可以旅行，也可以辩论。翻开书悲欢离合，合上书身心愉悦。

以上这些是阅读过程赋予读者的礼物。

二、阅读的结果之用

阅读还是一个可以随身携带的加速器。我们将目光放到阅读之后，阅读过的内容帮助我们处理实际问题，让我们加速成长。

在一次活动中，清华大学经管学院院长钱颖一教授问太空计划公司创始人埃隆·马斯克，如何自学成为火箭科学家。马斯克回答说："阅读，实验和交流。"马斯克认为所有的知识和信息都在书上，阅读自学比上学听课学得快。当然，还要自己实验和与别人交流。

阅读是最重要的学习方式。

通过阅读，我们获得知识，提升认知水平，改变了行为方式，做成了自己想做的事情，这些是阅读结果的应用。也是阅读过程乐趣的延续，乐趣从书上来到了生活当中。

阅读结果的应用有显性和隐性两种方式。

显性应用，应用时看得见。实用性书籍大都如此，管理、写作、绘画、演讲、销售等等书籍都是实用类型的书籍，我们阅读之后，模仿书中的做法，不断练习，直至熟练掌握该技能。显性应用一般是带着明确的问题去书中寻找答案的。

隐性应用。俗话说"腹有诗书气自华"，即使是没有目的的阅读，单纯出于对书的主题好奇，读后不知道会有什么用，也不知道用在哪里，如何用，但我们读完后，在生活中看问题的方式不知不觉变了，对人对事的态度变了。阅读，潜移默化地让我们的精神获得了成长。

1. 理解是应用的关键

无论是显性应用还是隐性应用，要想应用得好都涉及一个关键因素——理解，深刻理解是应用的前提。如果对书上的知识没有深刻理解，就无法应用或者无法正确应用。

让我们回顾一下理解。看到一句话时，我们将这一句话中的文字所代表的意义组块提取出来，进行组合。就像拼图一样，一句话中不同的文字所代表的意义组块就是一个卡片，我们要将一句话中所有的卡片拼成一幅更大的有意义的图。如果能够拼出一幅相对完整的有意义的图，我们就理解了。这幅拼出来的图，是更大的意义组块。

所谓深刻的理解就是组合出来的新的意义组块清晰、准确，不是模糊不清，模棱两可的，能够用多种形式重新表达出来，而且能够与生活中实际的事例建立联系。

阅读时，书上大部分内容我们一看就明白，知道作者的意思是什么，但如果不去进行深刻的理解，没有与自己的实际生活建立联系，也没有进行刻意的记忆加工，那么在需要时就无法顺利从大脑中提取出来使用。

除了理解之外，阅读时的联想迁移，对书上的知识的加工记忆，在大脑中的组织形式，都对应用产生影响。

在阅读时，我们需要对认为会有用的知识进行处理，为之后的应用做好准备，主要包括知识的识别、理解和记忆等。

2. 识别什么有用

"弱水三千，只取一瓢饮。"一本书里的知识很多，不可能全部为我所用，选择最主要的即可。一是读者与作者的经历不同，作者有些经历我们可能永远都不会有。二是知识适用的条件和边界不同，知识在一定的情境条件下才能发挥作用，如果不具备相应的情境条件，也很难适用。三是取决于读者自身的能力——识别判断选择可以为我所用的知识的能力。四是学习的负担，我们的精力有限，不可能把所有的知识都记住，都应用。

所以，我们一般只选取与自己实际工作生活结合最紧密的，理解最深刻的知识进行识别。

（1）识别知识的表现形式

我们要知道知识是以什么形式存在的。作者通常会把知识凝练成抽象的概念，用一句简短的话或者一个词来概括。比如，在《思考快与慢》中，作者总结系统1的特点，用简短的话描述："自主且快速运行，只需要付出较少努力，甚至不用付出努力，没有自主控制的感觉。""在接受了一定的训练后，能够做出熟练的回应，产生直觉。""为联想记忆激发出来的各种想法创造连贯形式"等等。总结成一个词来概括："损失厌恶：对损失的反应比获得更强烈。""光环效应：夸大情感的一致性。""前景理论：对变化的感知比对形态的感知更敏锐。"

还有一些知识是用具体的事例来表达的。这一类主要以实用性的知识为主，比如，写作指导书、记忆指导书，书中将做某事的方法直接描述出来。

(2) 识别知识的来源

最初的知识来源于实践，产生于具体的情境之中。作者对于想重点介绍的知识，都会给出其来源或应用的情境，《思考，快与慢》中的知识基本都是通过实验或观察得出的，同时还列举了生活中常见的例子。比如在"乐观主义是一柄双刃剑"一章，谈到"乐观偏见"时，举例：

> 在美国，小型企业能够生存5年以上的概率是35%，但创立此类企业的人并不认为这些数据适用于自己。调查显示，美国企业家容易相信他们的事业正处于上升期：他们对"任何类似你们企业"的成功概率的平均估值为60%——几乎是正确数值的一倍。当他们评估自己企业的胜算时，偏见就更为明显了。有81%的小型企业创办人认为他们的胜算达到70%甚至更高，有33%的人甚至认为他们失败的概率为零。

而在《原则》中，瑞·达利欧所给出的原则都是自己在生活和工作中的经历得出的经验总结。

这些知识来源的具体情境为我们理解提供了帮助，也为后期的应用指明了方向。

识别与理解交织在一起。我们对于觉得有用的才可能去深刻理解，而也只有在深刻理解之后才能够知道有没有用。

根据理解的过程，需要提取大脑中的意义组块。对于抽象概念的理解，如果作者提供了知识来源的情境，我们提取组块会更容易，直接把来源情境的组块提取出来进行组合，如果能够拼成一幅有意义的画面，能够说得通，就说明理解了。同时，检验我们是否理解，我们可以寻找生活中其他的情境，如果也能够说得通，说明我们真的理解了。

3. 用武之地

我们从生活中寻找的相似情境就是知识可以迁移应用的地方。在理解的时候，尽可能多地联系现实，将知识放到现实各种可能的场景中进行模拟试验，看看在哪些情况下适用。联系现实进行阅读，当相应的情境出现时，我们想起应用的知识的可能性越大。

从记忆的角度来看，联系现实并在其中模拟的过程，相当于在大脑中建立了相应的意义组块，相应的情境出现时，受到情境的触发，大脑中与该知识的意义组块很容易被提取出来，知识得到应用。

情境迁移分为两种情况，一种是完全相同的情境，另一种是表面上看不出两者有什么相似之处，但二者深层运行结构相同，在本质上是一致的。

完全相同的情境的迁移最容易。知识最容易迁移到的地方就是与知识来源的情境相同或相似的情境。实用性的书，比如技能学习类的，都可以直接迁移。我们阅读这类书，就是希望直接学习技能，书中介绍的知识与实际使用情境是基本一致的，直接应用即可。

《非暴力沟通》里介绍了非暴力沟通过程的四要素：我的观察是什么；我的感受如何；哪些需要（或价值、愿望）导致那样的感受；为了改善生活，我的请求是什么。

作者举了一个例子："一位母亲可能对她的青春期的儿子说：'菲力克斯，看到桌子下面的两只脏袜子和电视机旁的三只，我不太高兴，因为我看重整洁。'接着她立即提出了具体的请求：'你是否愿意将袜子拿到房间或放进洗衣机？'"

在我讲课的时候，有个男生在玩手机游戏。有些老师可能习以为常，但我还是想改变一下氛围。我对那个同学说："我看见你在玩手机游戏，我很受伤，我认真备课，也希望大家认真听我讲课，你能把手机收起来听我讲课吗？"那个男生很不好意思地收起手机，以后的课上他再也没有玩手机。

这个应用看起来很简单，但是也需要经过模拟试验，在各种可能的场景都练习试试，遇到问题时，才能够自如地应用。很多人看了书，知道怎么用，但在该用的时候依然用不出来。即使偶尔想起来怎么用，但不熟练，用起来感觉不伦不类的，效果也很糟糕，这时候就会觉得是知识的问题，其实是自己没有真正熟练掌握。

根据我们对刻意练习的介绍，不会用的主要原因是刻意练习不够，建立的意义组块不够清晰、稳固，需要的时候无法顺利提取出来，还会继续沿用老办法。所以，要想有用，用得好，就需要进行刻意练习。

4. 知识迁移

还有一种情境表面上看着不同，这时候的应用被称为迁移。虽然这些问题在表面看不同，但具有相同的深层结构，在本质上是属于一样的问题。迁移是更高级的应用，需要分析问题的深层结构。

《为什么学生不喜欢上学》中举了一个例子。

在一个经典的实验中，实验者要求大学生解答下面的问题：

假如你是一名医生，有一个病人胃里长了恶性肿瘤。由于条件所限，不能给病人做手术，但如果不摘除肿瘤病人会死亡。有一种特殊的射线可以杀死癌细胞。如果想把肿瘤一次性去除，使用的射线强度会过大，病人未病变的器官会受到影响。射线强度低的话，对正常器官没有影响，但对癌细胞也没有效果。请问怎样在杀死癌细胞的同时，保护正常的器官呢？

大多数学生解不出来，实验者便告诉他们答案：将几束低强度射线从不同角度聚焦在肿瘤上，这样正常的器官就不受影响，但射线的强度相加足以杀死癌细胞。

确定学生理解了答案后，实验者给他们看下面的军队问题：

一个小国家的独裁皇帝住在城堡里，这个城堡在国家的中心位置，有很多条道路呈辐射状向外延伸。一个将军计划攻陷城堡，解放老百姓。如果他将全部兵力集中进攻，那么一次就可以攻下城堡。但线人告诉将军，皇帝在每条路上都埋了地雷，如果通过的人数少，地雷不会引爆；如果通过的人数一多，地雷就会爆炸。这不仅会破坏道路，还会摧毁附近的村庄。请问将军应该如何进攻？

这个问题与上一个问题有什么联系吗？

这两个问题有着同样的深层结构：将分散的力量汇聚到一起。

所以，答案是将军可以分散兵力从各个方向进攻。

将这两个问题放在一起看时，答案可能很明显，但被试的大学生没有意识到。只有30%的被试者做对了第二道题，尽管他们刚刚才看到一个大同小异的问题和答案。

事后看很容易，这明明是同一回事呀。根据《思考，快与慢》

中介绍的直觉的启动效应,当读到肿瘤时,我们的系统1,也就是直觉往往会第一时间想到和医院、医生、射线相关的内容,这样我们的大脑根据问题的情境缩小了思考范围。而读到军队时往往会联想到战场、城堡、军人、枪炮等相关的内容。总之,很少会把肿瘤和城堡联系起来。

大脑的思考机制决定了有时候我们思考问题容易流于表面形式,更容易被这种容易触发的信息影响,将思考局限在一个小范围内。

对知识进行理解时,最好能够脱离具体情境去看看知识来源问题的结构。通过结构,找到问题的本质。系统思考是非常看重结构的,可以用《系统之美》中的流量图来分析上面的例子。

根据两个问题的描述,上面的问题可以简化为如图8-1的一个运行结构图。

图 8-1

图8-1中流入量被限定,即正常细胞能承受的射线量和不引爆地雷的人数都是有限度的。而存量越大越好,即照射在癌细胞上的射线量和攻城堡的人数越多越好。这时候不超过流入量的限制,增大存量,只能通过增加流入通道方式来完成。

这个例子给我们重要的启示:在阅读时,对自己认为比较有价值的知识,可以仔细分析其来源问题的深层结构,因为结构决定了系统的行为,即外在表现,不同的问题只是披上了不同的外衣。

结构表达出来之后,这样就扩大知识的应用范围至具有相同结构的情境,而不仅仅是表面看上去的情境相似。

根据系统思想，每个系统都有其自身的组成部分和结构，当两个系统的运行结构相同，再看看两个系统组成部分之间是否存在一一对应关系。比如上面例子中的肿瘤与城堡，射线与军队。如果这两条都符合就可以尝试知识的迁移。

在这方面，《系统之美》的作者为我们做了很好的示范。作者把产生常见问题行为模式的系统结构称为"基模"。作者一共列举了八个常见的系统基模："政策阻力：治标不治本、公地悲剧、目标侵蚀、竞争升级；富者愈富：竞争排斥；转嫁负担：上瘾、规避规则、目标错位。"

下面我们看一个公地悲剧的例子。

对于人们共同分享的、有限的资源，很容易出现开发（或消耗）逐步升级或者增长的态势。这时就容易陷入"公地悲剧"。

1968年，生态学家加勒特哈丁发表了一篇堪称经典的论文，对这一常见的系统结构进行了论述。哈丁在文章开头以一个普通的草场为例，指出：

在有限的环境里，有限理性的结果就是这样。

在任何一个系统中，通常都有一些共享的资源。对于那些容易出现"公地悲剧"的系统来说，共享的资源不仅是有限的，而且在过度使用时会出现严重的侵蚀和衰竭。

试想一下，有这么一个草场，对所有牧民免费开放。显然，每一个牧民都会尽力扩大自己的畜牧规模……自觉不自觉地，明确或含蓄地，他们都会问："如果我再增加一头牲畜，效益如何？"

由于牧民全部享有额外增加的牲畜收入，正面的效益接近+1。然而，如果每个人都这么做，将导致过度放牧效应，但这个结果由大家共同来承担。因此，对于单个牧民而言，负面影响只是若干分之一。

由此,每位理性的牧民都能得出结论,个人能采取的唯一明智的行动就是不断扩大牧群的规模。但是,这是每个人都能想到的,大家都有这样的共识。因此,悲剧就此酿成……每一个牧民都被锁定在系统中,迫使他们无节制地增加牲畜数量。然而,资源毕竟是有限的。每个人拼命努力追求自己的最大利益,最终的命运就是集体毁灭。

公地悲剧的系统结构如图 8-2 所示,公地是存量,个人的使用是流出量,因为是公地,无人维护与管理,没有流入量,随着流出量也就是使用者的增加,存量逐渐减少,直至消失。

图 8-2

这一段为我们日常阅读的应用做了一个很好的示范。

那片草场就是"公地",随着个人毫无节制地使用,最后草场资源耗尽,所有人都成为受害者,悲剧发生。作者将此情境下发生的事定义为"公地悲剧"。

之后,对公地悲剧进行了抽象的总结描述:

当存在一种公共资源时,每个使用者都可以从这种资源的使用中直接获利,用得越多,收益越大,但是过度使用的成本却需要由所有人来分担。因此,资源的整体状况和单个参与者对资源的使用之间的反馈关联非常弱,结果导致资源的过度使用及耗竭,最终每个人都没有资源可用。

根据这样的描述,我们可以发现现实生活中的很多公共资源的使用都存在"公地悲剧"现象。这些系统都具有相同的运行结构（如图 8-2），如果不提前采取措施，最后会导致相似行为和结果的发生，对所有人造成伤害。

比如，水资源的使用，企业对污水不进行处理，就排入河流湖泊。企业觉得不处理排放，对自己带来的效益最大，而影响不大。当很多企业都有这样想法时，最后导致污染严重，生态被破坏。还有空气污染问题，每个人和企业都觉得自己的影响有限，不断增加排放二氧化碳，最后导致整体的空气被污染，每个人都受到影响。

还有一些常见的小例子，一个没有物业管理的老小区，每一个人都想着自己方便，垃圾随意乱丢，车辆随意停放，没人来管，小区卫生状况、治安等越来越差，每个人都成了受害者。

作者对这类问题提出了对策：

对使用者进行教育和劝诫，让他们理解滥用资源的后果。同时，也可以恢复或增强资源的状况及其使用之间的弱反馈连接，有两类做法：一是将资源私有化，让每个使用者都可以直接感受到对自己那一份资源滥用的后果；二是对于那些无法分割和私有化的资源，则要对所有使用者进行监管。

这样的对策，可以让我们根据自己要解决的具体问题，找到对应的答案。

这个公地悲剧的例子，给我们从头示范了一下应用的过程。从具体的情境分析系统的运行结构，将知识进行总结概括，简化为一个模型，找出相应的对策。这个过程，就是将知识组成有意义的知识结构的过程，需要深刻透彻的理解，再进行加工。

这个过程，就像是根据已知的情境条件得到了一个函数 $F(x)$，具有同样函数结构的情境出现时，将具体的 x 带入 $F(x)$，求解即可。

应用时，对于比较困难的问题，我们要去分析事物的运行结构，然后寻找我们阅读时分析过的结构模型,进行尝试。一个不行,再换另一个尝试,直至找到解决问题的办法。当然,尝试过程还要根据具体情境具体分析。

识别、理解之后,还需要对知识进行加工记忆,组成一定的知识结构,来帮助提取和应用。后面我们继续介绍如何构建知识体系,来帮助记忆和应用知识。

阅读应用是双向过程。阅读时联想可以用到什么情境之中,并进行验证。在应用时要寻找可用的知识,付诸实践。应用效果怎么样取决于阅读理解和对新问题的分析的程度。

阅读时,深入理解之后,发挥想象,与自己的工作生活建立广泛的联系,思考哪些地方可以应用,并可以在自己经历的事件中进行模拟——如果按照书中的方法,这件事情应该怎么做,效果可能会怎么样。

如果我们在实际的情境中模拟过,当情境实际出现时,我们模拟时的情境就会出现,指引我们如何应用这些知识去解决当前的问题。想得越多,实验得越多,越能够熟练使用这些知识,在可运用的情境出现之时,也能第一时间想起相应的知识来。

日常工作生活中,做完事情之后,经常进行总结、反思,想一想这个问题的根源是什么,可以怎么解决,即使没有答案,也没关系。这相当于在我们的大脑中种下一颗问题的种子。有了这颗种子之后,在阅读过程中,大脑就会不断地联想,更容易"碰"到这些知识,建立联系,获得解决之法。

5. 用知识的语言去表达

我们通过概念进行思考,思考离不开概念。《我们如何思维》中对概念进行了定义：任何意义只要能被充分地个体化、能被直接理解和运用，并以一个词语固定下来，这就是概念。概念的意义是：识别的工具，补充的工具，在系统中定位的工具。

在分析问题时，我们最后的结果会把问题归结为一个具体的概念之下。比如学校教育是个系统问题，这个时候，我们认为教育具有系统的属性，要从系统的角度来考虑教育问题，对教育问题进行分析。这是概念的识别工具体现，将某类问题，划归于某一概念之下，用概念相关的知识结合实际问题来分析。

例如，从学校本身出发进行分析，办好教育需要全校员工，无论是科研、教学，还是后勤员工，都要一起努力，这是整体性的体现。学校各部门的责任不同，最高层负责制定好发展教育的政策，基层负责具体的实施。如果政策导向是论文，那么教师就不会将心思全放在教学上，这是学校系统的运行结构的问题。

如果继续从系统的角度看学校还具备哪些特点，这时会有补充。除了上边已经考虑的整体性、结构性问题，还要考虑到系统的迟滞性。我们都知道，十年树木，百年树人，学校教育也是一个长期性的问题。一个政策出台，不会马上见到效果，可能需要几年甚至几十年的运行才会看出效果，所以出台要慎重，要有耐心，更不能朝令夕改。从系统看，还有其他的特性，不一一列举。

明确学校是一个系统，有大、中、小学之分，学校与家庭教育、社会教育一起构成了教育系统，这样我们就能够看清楚学校在教育系统中的位置。一个人教育得好不好，不是学校一个单位的事，更不是大、中、小学某一级学校的事，与家庭、社会都是分不开的。这是在系统中定位的工具作用的体现。

在《系统之美》中，作者德内拉·梅多斯在谈到系统世界里的生存法则时说："我们的信息流主要是由语言来组成的，而人们的心智模式也大多是通过词语来表达的。因此,尊重信息首先意味着避免语言污染——尽可能清晰、准确地使用语言;其次,要想办法扩展我们的语言,以便能够更有效地谈论复杂性。"

《系统之美》这本书为我们更好地使用概念指明了方向。

首先,想更好地应用阅读所获得的知识,最好是直接使用相应的概念去表达。用概念去表达的前提是准确地理解概念,在使用时也要仔细考虑用这个概念表达是否准确,如果不够准确,尽量不使用,防止出现误导。

第二,尽可能地学习,来丰富我们的语言,让我们的表达更准确。弗雷德·考夫曼说:"语言可以作为一种媒介,通过它,我们可以创造出新的理解和新的现实。事实上,我们不是在讨论我们所见的东西,我们只能看见我们能够讨论的东西。"丰富的语言,能帮助我们看到更多东西。

有时候,书中的知识是一段描述。很长的一段话,作者没有将其表述为一个概念。这时候我们可以自行来对其进行定义,表述为概念的形式。在使用时,这个概念是我们自己定义的,需要特别强调说明一下,要让看到的人清楚地知道这个概念的指向。

阅读是丰富语言的最佳方式,没有之一,无须多说。

三、我的阅读应用

我爱上读书,已有近三年时间。这三年时间,因为有书陪伴,像结识了一个形影不离的朋友一样。而这个朋友是绝对属于我自己的朋友,它给我带来了很多不一样的体验,让我重新审视了自己和自己的生活,让生活和工作有了些许改变。这些变化大概就是我的阅读应用吧!

第八章
阅读应用

时间管理是个大问题，也是很多年轻人急于想做好的事情，他们参加各种时间管理的课程来学习如何来管理时间。我也一样，也曾经尝试把事情分为四象限：重要紧急、重要不紧急、紧急不重要、不重要不紧急，在执行的过程中，我发现有时候无法做到。也曾经列了一个满满的时间表，发现偶然性的不可控的因素太多，很多都无法实现，慢慢地也就不再管理时间了。

爱上阅读之后，我看了一些时间管理方面的书，发现基本上都是小技巧，对我来说解决不了大问题。后来，在另外的一些书里找到了答案。

这些书包括《英雄之旅》《暗时间》《把时间当作朋友》《系统科学大学讲稿》《精力管理》《刻意练习》《思维导图》《思考，快与慢》《奇特的一生》。当然，每一本书都对我有影响，主要谈谈这几本的影响。

"时间无法管理，能管理的只能是我们自己"，在《把时间当作朋友》里读到这句话，让我把时间管理转向了自我管理。

自我管理需要管理什么呢？

首先，明确自己的价值观。

价值观不是什么遥不可及，虚无缥缈的东西。简单说，价值观就是我们认为什么事情重要，我们比较的依据是什么。

比如，我看重亲情，我可能将更多时间放在家庭上，与家人在一起。如果我看重个人成就，我可能会去努力追求自己的梦想，与家人在一起的时间少一点也没关系。如果我看重自由，让我去做按部就班的工作我可能会觉得很痛苦，我会选择去做自由职业者。这就是价值观，时时刻刻影响我们的选择。明确自己的价值观，找到自己认为价值更大的事情，坚持做下去就好了。当然这个价值不是用钱来衡量的，钱只能衡量一小部分，非常小的一部分。

活着的意义何在?《英雄之旅》告诉我:"当人们在寻找人生的意义时,他们寻找的是做事的深刻体验"。深刻体验不在于做什么,也不在于做了多少新奇的事。如果能够选择做自己喜欢的事是最幸福的,如果不能,那就将手头上应该做的事做好。做事过程的体验,取决于能够专注投入,将自己发挥到极致。所以,我不再像之前一样盲目尝试,浅尝辄止。我开始慢下来,深入下去,去体验、体验工作、陪伴孩子、阅读、运动等等,慢慢体验。

现实中希望争夺我们注意力的人很多,希望影响我们的人很多,要有属于自己的价值判断,而这还需要思考。《思考,快与慢》告诉我们系统1直觉很有用,但有时也不靠谱,需要系统2的辅助,在做决定的一瞬间提醒下自己,不急决定,想一想再决定吧。

其次,记录时间,找到失去的时间。

一天忙忙碌碌下来,晚上回家想想一天都干了什么?好像挺忙的,但又好像啥也没干,一天就过去了。《奇特的一生》中的主人公柳比歇夫坚持了56年的时间统计法告诉我,可以记录一下时间,看看我们的时间去哪了。方法很简单,就是把一天中做了什么事,花了多少时间记录下来。阅读之后,我开始记录,做完一件事就记录一下花了多少时间,记录了三个月左右。

只要开始记录,作用就发挥出来,比如与××通电话20分钟,在写下的瞬间,就知道这个时间花多了。

记录之后的统计也很有用。一天虽然24小时,有效做事情的时间少得可怜,最多也就5小时。不是我不在工作,而是有效的时间很少。大部分的时间是无效的,注意力不集中,被别人打扰,身体状况不佳,等等。

通过记录,我知道了自己的时间去了哪里,哪些事是每天必做的，会花多少时间，在安排的时候要把这些时间先去除掉，比如每天吃饭1小时，路上2小时，运动1小时。

还可以看到哪花了无谓的时间，哪些事不应该花那么多时间。比如一个很简单的事，打个电话1分钟用不上就可以说完，结果花了20分钟，聊了没有用的事。还有一些没有任何意义的看热闹，围观，包括看手机。

通过看记录，还会发现自己常用技能有哪些，哪些水平不够。比如，一个数据统计，用了2小时才做完，原因可能是自己不会用函数处理。那怎么办呢？如果这件事以后还要常做，那就去学习掌握这个技能吧，可能要花3小时能学会，但以后用起来可能会省30小时，所以这个时间的投入产出比是很高的。如果不常用，这一次就忍了。

时间记录，其实记录的是我们的行为，选择做的事，以及做事的方法，这些都一览无余，可以让我们看到真实的自己。

第三，时间不够，多用暗时间。

《暗时间》虽然有时间的名字，但讲的多是自我成长，有一点点讲的是时间，就是暗时间。所谓暗时间，就是我们看不到的时间。都存在哪里呢？走路的时间，坐车的时间，排队的时间，洗脸刷牙的时间，吃饭的时间，等等，这些时间都有一个共同的特点，身体的其他器官在工作，而大脑是空闲的，这段时间可以让大脑来工作。从另一个角度看，大脑工作的时候，也可以干点机械的，不用大脑的事。

以前，我总是急匆匆地赶路，为了有更多时间做事，但很多事是需要思考清楚才能做好的，而在路上并不影响思考。从那以后，我不再着急赶路了，做事也不再急匆匆了。身体在哪里都一样，只要大脑在思考就行，工作不需要在办公室同样也可以进行，路上把开会要说的内容都想好了，办公室里只是把脑子里想的事打印出来而已。慢下来，让大脑有充分的时间去思考。

暗时间，让我多了很多时间。

第四，学习技能，提高效率。

做事情用多少时间，取决于思考是否充分和技能是否高效。如果想得比较清楚，方向正确，做的过程不出现反复，不用推倒重来，会节约很多时间。另外就是技能，以办公软件为例，如果会很多快捷应用，可以帮助我们节约很多时间，做的结果还会更好。

有很多时候要写一些总结、报告、方案，这需要的是写作技能吗？表面是写作，但本质是思考和表达，写作是思考结果的表达。如果想得不透彻，语言再华丽也没有意义。现在有很多关于PPT制作的课程，本质来说PPT是个工具，帮助表达思考的结果，如果没想清楚，把时间花在做一个漂亮的PPT上，就是本末倒置，虽然形式较好的PPT能够帮助实现表达的效果。

思考需要大量信息，但把这些信息呈现出来，转化成清晰的思路需要工具。这个工具是思维导图。我学习思维导图是通过阅读《思维导图》一书，虽然画得不够漂亮，但能够帮助我整理思路已经够了。

技能的学习并没有那么难，只要我们掌握了学习技能的方法——刻意练习。《刻意练习》告诉我们不需要一万小时，紧紧抓住一点就好了——刻意练习。

第五，精力管理，让身体处于良好的状态。

一切离不开身体，身体状态不好会影响思考和行动。《精力管理》告诉我要从四个方面管理好精力：体能精力、情感精力、思维精力和意志精力。管理好身体，合理运动，健康饮食，合理休息，保持正面积极的情绪，乐观而专注，时刻让自己在几个方面都能有很好的状态。

《精力管理》提醒我注意以前忽略的一个问题——休息。以前有一股蛮干的劲头，一件事不干完不罢休，累了也不休息，经常熬夜到一两点，一鼓作气干完。工作是干完了，但这样会让身体逐渐陷入深度疲劳状态，要花费更多的时间进行恢复。有的时候甚至恢复不回来，造成永久性损伤，从长期来看，是非常不利的。怎么办呢？及时休息。在工作感觉到有一点累的时候，马上停下来休息5分钟，不再硬撑着，吃点东西或者放松一下，恢复一下体力，这样不仅身体一直处于良好的状态，做事效率也会更高。

关于休息，《冥想5分钟等于熟睡一小时》告诉了我一个方法——冥想。前文提到"吞三吐四"的呼吸就是冥想的简化版。在以前，我是典型的"中午不睡，下午崩溃"，如果临时中午有事，没有条件睡的时候，整个下午都很难受。现在有了冥想的帮助，中午只需要冥想十分钟就可以了，身体轻松，感觉精力充沛。

第六，放眼未来，不纠结于当下。

《系统科学大学讲稿》告诉我周围到处都是系统，需要我们从系统的角度去观察和思考。系统思考最基本的要求是两个，一是从全局来思考，一是从长远来思考。一件事情到底值不值得做，要不要做，怎么做，要从全局看，从长远看。从全局来看，我们离不开别人，都在同一个系统之中，帮助别人就是在帮助自己，整个系统变好，自己也会跟着水涨船高。在长远来看是有害的，即使当前看似有些好处也不能做。有些事情短期看不到价值，待时间久了，价值就会显现，再难也要去做。不在乎一时的得失，而乱了长期的目标。同样，《系统之美》给了很多思考的模型，也让我认识到反馈回路的强大，要找到关键的杠杆点，开启正确的反馈回路，可以让系统处于良性循环之中。

比如，运动、阅读、写作这些事，短期都不会看到效果，去做吧,时间会给你答案。

这些是阅读给我带来的一点改变。在阅读之前,觉得这些是别人的事,和自己没有关系。随着阅读的进行,改变在默默地发生,不知不觉,无声无息,让我一点儿一点儿地学会从容地面对这个世界。

为什么不阅读呢?阅读的好,只有在自己阅读之后才有深刻的体验,听别人说,永远也无法体会。

第九章

如何通过阅读构建知识体系

对于学习型阅读来说，最好的结果就是构建了属于自己的知识体系。

我们经常听到某人说构建了什么知识体系，比如构建了法律知识体系，公司建立了市场营销体系，某个人建立了一套自己的知识管理体系。体系的建立象征着在某一方面拥有比较系统的知识，可以指导某项工作较好运行。

那么什么是知识体系，建立知识体系有什么用处，如何建立知识体系，如何通过阅读帮助建立知识体系，下面将对这些内容进行讲解。

一、什么是知识体系

首先要明确知识体系是一个系统。具体来说，是人们为了解决某一类问题，将很多知识按照一定结构组成的相互联系的整体，每一个知识体系里还有很多子系统，即更小的知识体系。

凡是系统都是一个整体，具有其组分所不具有的功能。同样，当知识形成体系之后，能够整体地指导某个事物的运行，相当于集团化作战，会实现碎片化知识所达不到的效果，可以发挥更大的作用。

1. 知识体系可以让我们考虑问题更全面

知识体系建立之初就要考虑到事物运行的整体性——完成一件事需要的所有方面，建立大的框架，然后是下一层次，一直到最后可以细化为具体的操作动作，这样就能够保证系统目标的实现。如果考虑不全面，实际运用时会出现各种突发事件，影响目标实现。

知识体系能够让我们看到知识之间的关系。知识之间如何互动联系，每一个知识在整体之中的位置和作用如何，哪一个居于重要位置，哪个起关键决定作用，只有在整体之中才能够衡量比较，进而才能够在应用的过程中，抓主要矛盾，抓住关键环节，找到"杠杆点"，用一点小力就能发挥大作用。比如在阅读过程中，阅读方式由逐字默读改为意义组块阅读，就能够大幅提升阅读速度和理解力。在整体中还会发现欠缺什么知识，指明以后的学习方向是什么。

2. 知识体系有助于记忆和应用

一个知识体系是一个较大的意义组块，这些知识按照一定的结构层次组织起来，共同来解决一个实际的问题。构成体系的知识越多，知识之间相互联系就会越多，而且联系紧密。在知识零散的情况下，我们可能想起一个而想不起来另一个。而庞大的体系就像大脑中的一座山，体型庞大，容易被记住，只要想起这座山名，通往山顶的路就会呈现出来，一路上有什么风景就会一个一个出现在眼前。记住一个，带起一串，可以减轻记忆的负担，提高记忆的效率，易于形成长期记忆。

知识体系解决某一类问题时，为思考提供了方向，也就是提供了解决办法的套路。这个套路更全面，初期可以帮助高效地分析问题，后期可以更具有针对性地解决问题。

3. 知识体系能够很好地吸附碎片化知识

知识体系像一棵树，树上包含着日常生活中各类碎片化的知识。平时遇见的碎片化知识可以通过与体系里已有的知识建立联系，在知识树上找到一个适合自己的位置，附着在上面，这棵树就会不断成长，最后成为一棵茁壮的大树。当前，我们接触的碎片化知识非常多，好像没有什么用，没有为知识找到用武之地。而有了体系之后，原本碎片化知识成为知识体系这棵树的一部分，会跟随着大树找到用武之地。

在我学习一个新领域知识的时候，我一般会尝试建立一个知识体系，慢慢地，我的知识体系库越来越丰富，遇到问题时，直接把相应的知识体系调出来，就可以应用了。

二、知识体系是如何构建的

《聪明教学7原理》中关于体系的建立有这样的表述："人们会自然地根据自己的生活经验建立联想。例如，我们倾向于在发生时间相近的事情间建立联想（如按开关和灯亮之间的因果关系），在具有共同意义的观念之间建立联想（公平和平等之间的概念联系），在特征上相近的客体间建立联想（例如在小球和球体之间建立类属关系）。这些联想随着时间的推移不断建立，从而形成更大、更复杂的结构。我们头脑中的知识体系，就是这样组织起来的。"

头脑中的知识体系看似是自然而然发生的，但仍然需要有意识的构建。

知识体系构建过程就是为一个目标建立一个知识系统的过程，要做的事情包括：结合实际，明确体系服务的目标；分析系统的主要组成部分；根据相应的结构层次，寻找相应的知识，使实现目标的各类知识都能够找到合适的位置，在其位置上发挥作用。

当然有些知识是当前不知道的，也可能是没有意识到，可以在后续的学习中总结，再进行完善。

知识体系构建过程是自上而下的过程，是从宏观到微观，从抽象概念到具体知识的过程。由于人们的经验、知识的性质以及知识在生活中所扮演的角色都有所不同，人们的知识组织方式也会各不相同，所建立的体系也会有很大差异。建立体系过程要注意以下几点：

构建知识体系时要有全局意识。

实现目标的过程需要有全局的意识，看到全部的因素，了解其之间的关系，再进行比较分析，进行取舍，最后的结果可能是只有一部分留了下来，但其留下来的过程是经过主动比较分析和取舍的。

这个全局意识包括看得宽、看得远。看得宽就是把解决问题的相关方面都考虑到，不停地问自己："我是不是还有什么没有考虑到？"看得远就是看得长远，不仅是未来，还要看看过去的历史，过去能够给予我们指导。

知识体系服务于特定的事，要有目标意识。

一个知识体系一定是为某一个具体的目标服务的，比如法律体系、项目管理体系、人力资源管理体系等。如果没有明确的目标，就不会有良好的体系。

知识体系必须经过实践检验。

知识体系来源于实践，服务于实践。实践是构建体系的目的，通过体系来更好地指导实践。实践也是体系建立的必须过程，只有实践后熟悉各个环节，才能够深入思考需要什么样的知识，自己的知识体系中欠缺什么，哪些需要更换，哪些需要增加，这样才能够建立属于自己的体系，才能让体系真正发挥作用。脱离了实践而建立的体系，就像没有生存土壤的树苗一样，不会生根发芽，不会开花结果，毫无用途。

知识体系一定是个性化的。

每个人的知识体系都是独特的，原因在于每个人的目标不同、知识储备不同、所具有的资源不同，所以，我们对他人的知识体系可以借鉴，不能照搬。比如人力资源管理体系在大的框架上是有共性的，但客观的环境和对象不同，操作的主体也不同，主体的认知能力水平有差异，所以不同的公司人力资源管理体系不同，需要因地制宜，因人而异，根据自己的目标和具体条件来构建。

没有哪种知识结构一定比其他结构更好或更"正确"，因而，对知识组织方式的更合理的评判，是看它是否更好地与既定情境相匹配。事实上，已经有研究表明，知识组织的方式是否有效，取决于它所支撑的任务，当知识组织契合于其形成及应用情境时，其功效最佳。

知识体系不是一次性建成的，处于动态调整之中。

知识体系构建是不断完善的过程，需要针对具体情况，经过大量学习实践之后，不断总结完善。随着实践经验的增加、知识的增长等，还会继续修改和完善知识体系。同时，知识体系也会随着内部目标和外在环境的变化而变化，不存在一劳永逸的知识体系。比如国家法律体系，会随着社会发展和技术进步不断地进行增删，尤其在互联网快速发展时期，新增了大量的与互联网相关的法律，这在十几年前是不可预见的。

要善于学习。

要想建立知识体系，学习借鉴是少不了的。学习相关领域里前人的经验总结，能够帮助我们快速获取这一领域里的相关经验，找出问题的全貌，这是构建知识体系的第一步，也是最重要的一步。阅读是学习体系构建的最快速、高效的方式。一本书一般是一个体系，我们既可以通过阅读学习构建体系的方式，也可以学习到具体的知识。

三、如何通过阅读来构建知识体系

阅读可以帮助我们建立知识体系。

有了一定的实践基础，熟悉事物运行的各个细节，我们就可以尝试构建知识体系了。这个过程一定是与实践相结合，否则建立起来的知识体系可能水土不服，无法发挥作用。如果没有更多的实践经验，就不知道框架如何搭建，体系是否有用，哪些知识有用。在建立知识体系的过程中，需要大量的知识，并按照一定的结构将其组织起来，组成一个有组织、有目的的体系。这些都可以通过阅读来实现。

通过阅读我们能够发现解决问题的共性办法。大量的阅读能够帮助发现处理一类问题必须要做的事，这些是问题的共性，从中可以总结出来知识体系的主要框架。比如，阅读了很多阅读的书，发现阅读技能主要包括识别、理解、记忆、应用这四大部分。

通过阅读我们能够发现知识体系所需要的具体知识。有了框架之后，相当于一棵树有了主要的枝干，接下来就是在这些枝干上生出小枝，长出叶子。这个过程有两种形式，一种是有意而为之，另一种是无意偶得之。

有意而为之，也就是在构建体系的过程中，知道缺少某方面的知识，不断地通过大量阅读去寻找，也就是通常所说的主题阅读，带着一个目的，寻找一类知识。关于阅读记忆的知识，我阅读了《聪明教学7原理》《记忆魔法师》《高效记忆》等书，然后进行实践与反思，并将自己的反思与书上提供的原理进行比较和确认，最后把反思的结果写出来，就有了本书的内容。

无意偶得之，即通过广泛阅读获得意外收获。因为我一直在思考，在阅读过程中如何对书的内容记忆得更好，大脑里一直有这个未完成的任务，所以在阅读其他书的过程中，偶然碰到相关的记忆知识，会格外敏感，这个时候我就会把新学到的内容和自己的阅读体系中已有的与记忆相关的"树枝"结合起来，让这些知识附着在上面，获得意外的收获。有时候不知道哪一本书会带来启发，带来意想不到的收获。

当建立了一定数量的体系之后，再阅读的时候，会遇到很多相关的知识，能够为这些已经生长的知识体系树添枝加叶，使其越来越茂盛。

四、高效阅读体系的构建

下面回顾一下我构建高效阅读体系的过程，来说明如何通过阅读来构建自己的知识体系。

第一阶段，偶遇高效阅读，自己练习，有了实践体验。

前面讲过，我是偶然间学习了快速阅读方法，从阅读中感受到了乐趣，让生活变了一点模样。学习快速阅读之前，我很少能读完一本书，更别提在很短时间内读完了。现在想想，读得越慢越不容易读完。这个时候，我不知道什么是知识体系，也更不会去想要建立什么体系。那段时间一直在实践，保持着一种练习的心态，不断提升自己的阅读技能。

我虽然没有构建阅读体系的想法，但对如何从一个低效阅读者，经过练习成为高效阅读者的体会还是很深刻的。这个练习过程，对建立体系有很好的指导作用。因为了解练习的全过程，了解了初学者容易出现的问题，再去教别人，也能切身体会其他初学者的困难，发现了问题多出现在练习上。这也是为什么要在这个阅读体系中加入刻意练习的方法。

我掌握了快速阅读方法之后，对读书不再恐惧，遇到问题首先想到的是求助于书。有一次我见到一名世界 500 强公司的员工使用思维导图，后来我借用了那个人画的思维导图，觉得效果很好。《快速阅读》这本书里，也介绍了思维导图，看来思维导图很有用，于是，我就买了一本《思维导图》（东尼·博赞著），边看书边实践。我刚开始学习使用时，很不习惯，但坚持使用，越来越熟练，现在思维导图已经成为我的必备工具，也为之后建立知识体系奠定了基础，让体系有了一个直观的表达形式。

在阅读《系统科学大学讲稿》之后，对系统有了一点理解，对整体观有了重新的认识。这时候再看思维导图，在一页纸上能够把全部关键内容表达出来，能够很好地体现系统的整体观，在思维导图上更容易看到整体的结构和各部分之间的联系，这是线性记录时用几页纸也表达不出来的效果。

这时候对于阅读技能的关注，还仅限于阅读速度的提升，以及随之而来的理解力和记忆力的提升。通过一段时间的练习，我体会到了阅读带来的乐趣，拿起一本书，能预估几天可以看完，想看什么书就看什么书，可以随意阅读。最初的一个月我读了十本书，彻底地消除了对阅读的恐惧，阅读成了生活的一部分，书走进了我的生活，我走进了书。买书不再是消费，而成了投资。

第二阶段，初步构建阅读体系。

推动我尝试构建体系的力量来自于要去给一些青年教师分享高效阅读方法。为了让分享的内容能够更丰富一些，我开始认真学习和研究阅读相关的书，并更注意总结自己的阅读体会。

这时候高效阅读技能发挥了作用，我快速地阅读了《如何高效阅读》（彼得·孔普著）、《快速阅读》（东尼·博赞著），《如何阅读一本书》（莫提默·艾德勒　查尔斯·范伦多著）等等。我阅读完这些书，从不同的作者那里，看到了高效阅读共性的内容——如何提升阅读速度，如何提升理解力，提升记忆力，等等。看这些书既是学习过程，也是实践高效阅读方法的过程。在这个过程中，我不断检验自己的理解，也在不断验证。那个时候，看到了元认知的概念，即对认知的认知。因为这样一个概念，我开始重视自我监督反馈。虽然以前也知道要总结反思，但都没有重视，反思不及时。

看了这些书之后，结合我自己的经验，认为当前大家在阅读时存在的问题主要有读不进去、不理解、记不住、不会用，要解决这几个方面问题，我初步计划分享快速阅读、理解、记忆和应用四个方面的内容，再加上一个思维导图的应用，主要是在阅读笔记方面的应用。这几个方面内容构成了我最初的高效阅读体系的框架。

有了这样一个框架之后，明确了方向，接下来就是组织具体内容了。我结合自己的实践经验，比较了几本书的方法，选取其中比较适合的方法，成为第一次分享的主要内容。

第一次分享的最大受益者是我自己。我充分体验了以教为学的过程，自己觉得很明白的内容，但未必能够讲出来，不知道如何表达才能让听的人明白。这也迫使我不断地实践，从书中获取更多的素材，实践过程中留意自己各个细节的处理。

分享的过程中我与那些青年教师交流，发现很多人都想阅读，但没有掌握高效阅读技能，无法享受阅读的乐趣。有一种近在咫尺却又无法获得的遗憾。这让我对阅读又有了新的认识，原来很多人都处于低效阅读阶段。

第三阶段，进一步完善阅读体系。

第一次分享还有一个收获，有一个老师建议我可以申请开设一门选修课，她觉得学生也需要提升阅读技能，这又使我往前迈进了一步。开一门校选课，是我从没有想过的事情。这位老师的建议让我有机会做以前想都不敢想的事情。最后我成功申请了下来，申请之后有三个月的准备时间。校选课与之前的分享有很大不同，需要更多的内容支撑，我又开始了新的准备。

随着阅读的深入，我越来越能感受到阅读的重要性，尤其是在需要我们终身学习的时代，阅读是终身学习的一个重要手段。我开始将阅读与学习联系起来，尤其是大学阶段，学生如果能够学会阅读，掌握通过阅读来学习的技能，这会让他们受益终身。所以，那段时间我阅读了《教育心理学》《认知心理学及其启示》，还有《刻意练习》和《学习之道》等书。

《刻意练习》这本书对我的影响很大。它让我重新认识了学习，尤其是如何学习一项新技能。回顾自己练习快速阅读时，正是因为已经不知不觉中应用了刻意练习的方法，所以才能够掌握快速阅读的技能。在"刻意练习"方法的指导下，我开始练习打乒乓球，练习写作，都有了明显的提升。通过刻意练习提升的不仅是技能，还有因为技能提升之后，带给我们的乐趣。但最重要的是，因为找到了正确的方法，所以对学习新技能有了更大的信心。

在我第一次分享之后，发现有的学员听得很认真，也觉得我讲得有道理，但他们一直没有学会。后来聊起原因，发现他们要么是没有练习，要么是很随意地练习，学习效果一般。看了《刻意练习》之后，发现他们缺乏的正是刻意练习。所以，在为校选课备课时，我加入了刻意练习的内容，不仅让大家知道练习什么，还要知道怎么练习。

就这样，刻意练习也成了我的高效阅读体系的一部分。这也是因为我建立的高效阅读体系是来教别人的，练习方法是教别人的重要部分。如果只是为我自己建立的阅读体系，就不需要这部分内容。从这点也可以看出，知识体系随着实践的认识而不断完善，也是个性化的，根据个人需求而定。

为了能上好这门课，在上课的那一学期，我花了更多的时间去看书，继续提升自己的阅读技能，也积累上课素材。那期间我看了《系统科学大学讲稿》，后来还有《系统之美》，对后来阅读体系的建立产生了重要影响。《系统科学大学讲稿》中说"书也是系统"，既然书也是系统，那也就意味着可以用系统的思想去处理。怎么处理呢？这个问题一直在我脑海中回响。

那段时间我乘地铁上下班，一上地铁就找到车厢连接处附近的位置，面向车窗，脑子里一直在想书用系统思想怎么处理阅读问题，高效阅读与系统有什么关系。有时，一边想一边用手指在车窗上比画。有一天，突然蹦出一个想法，既然书可以表达为思维导图的形式，那思维导图就也是系统了。通过将书简洁地表达为思维导图，就可以呈现出系统的整体性、功能性、结构化、层次性等特征。就这样，系统思想与我的高效阅读结合在了一起，让高效阅读的过程有了一个指导思想。这个指导思想贯穿高效阅读的始终。

随着教学的深入和实践经验的增加，我的高效阅读体系也慢慢地发生了变化。

第四阶段，找到阅读的起点。

要把高效阅读体系整理成书，对这个体系也有了更高的要求，要求它要有一个全面的表达。从开始整理的时候，有一个问题一直困扰我：大家都知道读书好，为什么还不读书呢？如果这个问题得不到解决，该读书的、会读书的还是少部分人，我的书也就不会有太大的作用，于是我开始去寻找这个问题的答案。

我是如何从不喜欢到喜欢阅读的呢？练完快速阅读之后，每次阅读的时候，都能从书中获得些什么，我感到挺高兴的；两三天读完一本书，我觉得自己挺厉害的；后来偶尔还会用一用书中的理论来思考问题，我觉得挺开心。总结一下，无论是阅读的过程还是结果，都能让我感受到愉悦。对，就是愉悦，如果没有了愉悦感，我们还会乐此不疲地去做一件事吗？在解决了温饱问题之后，如果让我们自主选择做什么，我们选择的事情，背后一定都是隐藏着愉悦感和成就感。只是有些事情愉悦感来得更快，但也会去得更快，有些来得缓慢些，但会一直保留下来。

后来看到了《如何再次拿起书》，封面上梁文道先生的推荐语深深地引起了我的共鸣，"'阅读'有意思的地方，是让你觉得快乐，这难道不是最重要的一个起点吗？"如果阅读没有让你觉得快乐，你还会读吗？如果一本简单的书，一个月都读不完，你会快乐吗？读不懂你会快乐吗？记不住你会快乐吗？阅读是学习的重要方式，但不是唯一方式。阅读的根本目的是为了快乐，获得那种愉悦感。

找到不阅读的根源，也就为高效阅读找到一个起点。首先得想办法让大家在阅读的过程中有愉悦感，能感受到乐趣，这样才能产生兴趣，才会变得认真，才会全情投入，从而达到心流的状态，实现坎贝尔所说的人生的意义——深刻的阅读体验。

就这样，我逐步构建了自己的高效阅读体系，也就是现在的这本书的内容。

五、我的绘画学习体系

随着对体系的认知不断深入，我越来越认识到建立知识体系的好处，就开始尝试构建更多的体系。

我刚学习绘画没几天，根据自己的实践，看了两本书《五天学会绘画》和《素描的诀窍》，然后总结了一下，初步建立了一个学习体系，也是我自己的学习体会，为之后继续学习做好准备。

基本原则：看到什么画什么，先整体后细节。

初学者学习素描，画的都是看到的物体，画的时候要忠于自己的眼睛，而不是忠于自己大脑中已经建立的印象。刚开始画时，不要在乎细节画得像不像，而要看在整体中的位置和比例是否合适。

第一步，观察目标。

绘画起始于观察，画得好不好，重要的是观察仔不仔细。观察时既要从整体上观察，将目标分割成几大部分，观察这几部分的位置关系和比例大小，还要注意观察细节，哪些地方最能表现出特点。

第二步，测量比例。

在目标物体上找一个部分作为基准，测量其长度和宽度。再用这个部分去衡量其他部位的尺寸，从而保证大小比例统一，整体上协调一致。

第三步，画定位框图。

在纸上确定要画多大，根据大小尺寸同比例放大或缩小，从整体上定位各部分。再找一些定位的线，比如一个部位边线和另一个部位的线对齐。有了这些参照之后再画上各部位的方框图。

第四步，画出轮廓线。

在方框图内把实际观察的各细节的线条画出来。要遵守基本原则，看到的是多长，就画多长，不要画出实际的长度。在这个过程中，眼睛看到的与物体的实际有区别，要忠于眼睛看到的。

第五步，画出阴影。

根据实际物体的光线明暗，画出阴影，表现出立体效果。这个对我来说是最难的部分，深浅难以把握，有时候不是重了就是轻了。

第六步，整体调整修改。

最后从整体上重新审视所画内容，对不合适的地方进行修改。

第七步，刻意练习下去。

绘画是一门技能，需要刻意练习。

这是我作为绘画初学者，画了不到十天，加上阅读了两本书，给自己建立的初步体系。这个体系看似简单，甚至在有些人看来，根本就算不上什么体系，但这是我在实践基础上，结合阅读的学习总结，是根据自己的理解加工出来的，让我在之后练习绘画的实践中，有章可循。刻意练习过程中有新的发现，或者又阅读了新的书籍，有了新的知识，继续加入进来就好。

构建体系的过程，是将自己学习和实践所获得的知识，按照一定的结构、层次重新梳理，组成一个适合于实践的相互联系的整体，让这些知识在实践的过程中都能得到应用。建立体系之后，相当于种下一棵树苗，它自己会吸收周围环境中的营养，再加上我们的悉心浇灌，它会很快长大。

我们一生中会需要多少体系呢？可能不会需要太多，生活的、工作的，可能十几个足矣，能建立就建立吧。

第十章

如何选书

"您知道自己为阅读付出的最大成本是什么吗？您是否常常在读过一本书籍后，才发现不是自己要看的那一本，您是否常常发现书架上很多书都是一时冲动买下的，至今一字未读。"湛泸文化出品的书，在最后一页会写上这样的话，相信这句话会戳痛很多人。

读者在选购图书的时候，往往把成本支出的焦点放在书价上，其实，时间才是读者付出的最大阅读成本。一时冲动买下的书，至今一字未读，损失的只是购书的钱，如果读完却发现根本不是自己想要的，才是最大的浪费。

一本书到底是不是自己喜欢的，值不值得读，准备怎么读，这些问题关系着阅读的乐趣，也关系着阅读的收获，更重要的是关系着阅读的时间成本。这些问题别人能给我们答案吗？我们可能根据别人的推荐买了一本书，但是否适合自己，只有自己知道，能给答案的也只有自己。

这涉及的是选书的问题。

阅读新手经常会问，这么多书，应该从哪一本开始读呢？总希望别人能够给推荐一些书。怎么选书可能是很多阅读新手的困惑，而阅读量大的人则不会存在这样的困惑。

我们上学读书这么多年，但对书真正深入地了解并不多，在语文或历史课本中见过一些文学名著的名字，但并没有了解过这些名著的内容是什么。语文课本上选取的片段，没有上下文的铺垫和延续，不能代替整本书的内容，无法表现出整本书的结构设计，不能准确表现作者的思想，不但不能激起学生去读原著的兴趣，甚至让很多学生一步一步丧失了阅读的兴趣。

书的种类很多，从古至今流传下来的书已经不计其数，尤其是现代出版业的发展，每年全世界出版的书有近百万种。我们不可能知道所有的书。选书的过程就是了解书的过程，直至找到自己感兴趣的书。

要想了解书,前提是要知道有哪些书。再去快速了解这些书的主题是什么,是否是自己需要的,或者自己感兴趣的。所以,选书的重点在于如何发现更多的书,对书有一点了解,找出那些能够激起阅读兴趣和欲望的书。

我爱上阅读这几年,买了很多书,也在学校图书馆和首都图书馆借过很多书,有满意的,也有不理想的,结合这些年的经历,谈一谈自己的体会。

一、追随兴趣

朱光潜说:"对任何学问,如果不是真正的感兴趣,最好把它暂时丢开,等兴趣来了再说。"

兴趣是开启阅读的最佳起点。每个人都会有自己的兴趣,我们对感兴趣的领域有比较多的了解,阅读时情境熟悉,更容易理解,阅读过程会更顺畅。

前面说过的《五天学会绘画》这本书,我买回来放了八年一直没看。当时我对绘画并没有什么兴趣,只是看了推荐,就买了。2020年初,因为疫情无法正常上班,我在家带孩子,娃说:"爸爸给我画个画吧。"我给她画了一个她最喜欢的绘本书《好梦困困熊》里的小困困熊。我没有学过绘画,在画之前进行了仔细地观察和思考,想出了个很傻的办法——对原图上的小熊的身体构成进行测量,按照原图上的尺寸同比例扩大一点,保证结构合理,位置合适。最后画出来的效果很好,家里人说这根本不像第一次画画的人画出来的。

就这样,我用同样的方法,几天之内,画了四幅画,越来越有心得,当然也遇到了很多问题。后来在办公室值班,无意中看到了

《五天学会绘画》这本书。这时候,看到这本书的感觉就是这书是专门来帮我提升绘画技巧的,竟然让它等了八年。原来看了几页就看不下去的书,现在因为有了兴趣,阅读起来更顺畅,对作者所说的内容有了亲身的体会,也理解了作者所说的"你必须把平时那套词汇分类法放在一边,并把全部视觉注意力放在你正在感知的事物上,注意所有的细节以及每一个细节如何作用于整个结构"。也就是相信自己的眼睛,将看到的如实画出来。虽然说起来简单,但还需要多练习,并在练习过程中构建一个自己学习绘画的体系。

二、实用导向

朱光潜先生说的兴趣的另一种是"学了它就有实用"。我们要明确阅读的目的是什么,目的越明确,越容易找到适合的书。

写作对我来说一直是一件很痛苦的事,不敢提笔,不知道该写什么。《刻意练习》中说写作也是技能,可以通过刻意练习的方式提升。要进行刻意练习,就要找一个好的指导老师。我首先想到是找写作指导书。这类书很多,经过比较,买了《关于写作:一只鸟接着一只鸟》这本书。比较的时候,考虑自己是个新手,还没入门,入门的书比较适合我,这本书比较适合新手。另外,这个书名很好玩,吸引了我。

这本书介绍了写作通常会遇到的问题。比如,写作新手刚开始会觉得无话可说,即使是知名作家刚写出来的初稿也很烂,自己都不想再看,也需要反复修改很多遍。虽然是一本很简单的小书,但让我对写作有了一个全面的认识,知道了写作过程中会遇到哪些困难,也知道该如何处理,也就不再对写作感到恐惧了。

书中作者的哥哥不知道该如何完成鸟类报告,父亲对他说:"一只鸟接着一只鸟,宝贝。只要一只鸟接着一只鸟,按部就班地写。"就这样,我开始拿起笔,一篇接一篇写了起来,想写什么就写什么,自己命题,自己修改,然后发出去,看别人的评价。因为我对写作过程中会遇到的困难有所预期,所以也就没有太多的挫折感。

这一类书都是技能类的实用性书,主题是教读者学会一个技能或者做好一件事情,和我们常见的《产品说明书》类似。读者可以根据自己的需要去网上书店或者在线阅读平台去搜索,只要不是最新最前沿的技能,一般会有大量的相关书籍供选择。如果一本不合适,换一本就好。

有一天,我在网上看了一个飞得最快的纸飞机的视频。视频中介绍美国几位工程师制作各种纸飞机,有一只飞行64米,创造了纸飞机的飞行距离记录,有的纸飞机还可以回旋,飞出去还能飞回来。我觉得很有意思,可以和孩子一起学习一下,既有乐趣,还能学习一下科学知识。于是,我到网上书店用"纸飞机"作为关键词搜索了一下,出来十几种纸飞机相关的书。

对于新入门一个领域,我建议先找找该领域里的入门书看看。但因为现在网络发达,人们首选不是阅读书籍,而倾向在网上直接寻找答案,学到的内容碎片化严重。相比网络的信息,书中的内容系统性更强,相对详细可靠,通过阅读来学习简单有效。想要学习高级的技能,也可以继续找到更高层级的书。

三、信任的人推荐

有很多朋友来找我,问最近有没有什么好书推荐?这个问题好回答,但又很为难。因为确实看了几本不错的书,很想推荐一下,推荐过几次之后发现,我喜欢的书别人未必也喜欢,我能看得进去的书，别人可能根本读不进去。人们的趣味不同、品味不同、知识储备不同、目的不同，所读的书也应该是不同的。

《沉默的大多数》中王小波说，"我就知道这样一个例子：他是苏联的大作曲家肖斯塔科维奇。有好长一段时间他写自己的音乐，一声也不吭。后来忽然口授了一厚本回忆录，并在每一页上都签了名，然后他就死掉了。据我所知，回忆录的主要内容，就是谈自己在沉默中的感受。阅读那本书时，我得到了很大的乐趣——当然，当时我在沉默中。把这本书借给一个话语圈子里的朋友去看，他却得不到任何的乐趣，还说这本书格调低下，气氛阴暗……我觉得有趣，是因为像肖斯塔科维奇那样的大音乐家，戴着夹鼻眼镜，留着山羊胡子，吐起痰来一定多有不便。可以想见，他必定要一手抓住眼镜，另一手护住胡子，探着头去吐。假如就这样被人逮到揍上一顿，那就更有趣了。其实肖斯塔科维奇长得什么样，我也不知道。我只是想象他是这个样子，然后就哈哈大笑。我的朋友看了这一段就不笑，他以为这样吐痰动作不美，境界不高，思想也不好。这使我不敢与他争辩——再争辩就要涉入某些话语的范畴，而这些话语，就是阴阳两界的分界线。"

王小波觉得有趣的书，他的朋友未必会同样觉得有趣。

推荐书是一件很慎重的事，如果别人听了我的建议，买了一本书，阅读之后发现不适合自己，没有趣，不仅仅浪费了钱，还浪费了时间，也许还会影响别人对我的认知。这种事，还是少做为好。

《如何再次拿起书》中引用1907年的诺贝尔文学奖得主，英国作家鲁德亚德·吉卜林的话，"除非一个人非常了解另外一个人，否则他就无法向对方荐书，即使是推荐最好的书。如果一个人想看书，他应该虚心求教于那些了解他人生经历的年长者，并听取他们的建议，尤其重要的是，跟对方聊聊当初最吸引自己的那些书。"

所以，遇到这样的问题，我会告诉别人一本书的主题是什么，我读完的收获是什么，您可以自己去多了解一下，看看是否喜欢。

找别人推荐，或者听人推荐，这个推荐人是关键。首先，这个人是喜欢阅读的，要有大量的阅读积累；第二，这个人肯定在某一方面有些专长，对某一领域比较熟悉；第三，如果这个人对我们的喜好、经历和知识储备比较了解会更好一点。

每一本书都有特定的读者对象，这本书适合别人，未必适合我，所以请别人推荐要慎重。别人推荐了，自己也要去再了解了解，看看适不适合自己。如果觉得不好，也不要怀疑推荐的人，因为对他来说，他是对的。

四、多逛实体书店和图书馆

实体书店和图书馆的好处是所有的书都在那里了，我们没见过、没想过、没听过的书都放在那里。在里边逛一逛，会让我们放松下来，只要有一点耐心，就会给我们很多惊喜。

我们是视觉动物，第一印象很重要。一本纸质书摆在面前的时候，我们可以看到书名和外部装帧，在看到的那一刻，好像见到一个人一样，有的书有眼缘，就想再多了解一点。拿起来翻一翻，这时可以看到内部的排版，还可能会看到几句内容。而一本装帧精美，排版设计讲究的纸质书，本身就会引起我们的好感，如果再看上几句，感觉作者讲述的内容是我们感兴趣的，讲述的方式是我们喜欢的，就可以直接勾起我们阅读的欲望。

爱琴海单向街书店撤店之前，我又去逛了一次。《最后的演讲》这本书的封面吸引了我。一个中年男人背着一个小男孩，父亲深邃的眼神和小男孩开心的笑容吸引了我。再翻开，字体、字号、行间距、留白,每一个细节设计得都让人感觉很舒服,再看看简介,随意看了一篇,便决定这本书我要了。

这本书没有让我失望。主人公是卡耐基·梅隆大学计算机、人机交互及设计学教授兰迪·波许,在他患胰腺癌之后,临终之前写的。虽然有一些伤感,但在内容中用清新的语言讲述了生活的道理,没有说教,没有长篇大论,都是关于点点滴滴的日常小事的回忆,将波许丰富精彩的一生尽现眼前:如何真正实现童年的梦想,如何帮助别人实现梦想,应该怎样生活,这点点滴滴中饱含他快乐的回忆。他在得知患病之后,更是舍不得浓浓的亲情,放不下对妻子和孩子的牵挂,想方设法为孩子留下父爱的记忆。如封面上的推荐语所说:他谈的不是死亡,而是生活。

在书中,兰迪·波许说:"围墙之所以存在,就是为了拦住愿望不强烈的人,拦住那些无关的人等。"停下来,问一下自己:"我有梦想吗?我的愿望强烈吗?我能翻越那些墙吗?"遇上兰迪·波许和他《最后的演讲》是机缘巧合,更是我的幸运,让我能够重新审视家庭、生活和梦想。

那次在单向街看到的还有《如何再次拿起书》。对于如何阅读之类的书我都是有兴趣的。如果不去书店逛逛,我不知道何时才能与它相遇。它帮我确认了之前思考的问题的答案:人们为什么不读书?答案是没有乐趣。一如梁文道先生在封面的推荐语——"阅读"有意思的地方,是让你觉得快乐,这难道不是最重要的一个起点吗?

为什么人们知道刷手机、打游戏、看无聊视频无益,但依然沉迷其中,无法自拔?都知道阅读益处多多,但就是不读呢?看了《愉悦回路》《积极上瘾》,再回想自己从小到大的阅读经历,那些阅读都是痛苦的,阅读的过程痛苦,煎熬,一点乐趣也没有,还未必有什么收获。而刷手机之类的事过程简单,还给人有收获的错觉,感觉获得了很多信息，会让人深陷其中不能自拔。

在解决了生存问题之后，我们的选择都和乐趣有关，痛苦的事情还有谁愿意去做呢？阅读也是一样，起点在于乐趣。

当自己的想法得到认可的时候，这是一种乐趣。而《如何再次拿起书》这本书我从来没有听说过，周围的人也没有谁读过，学校图书馆里也没有，除了去书店逛一逛，还真不知道去哪里能够发现它。这也是逛线下书店的乐趣吧。

五、读过的每一本书都会给予指引

建议"从你最喜欢的作家那里模仿阅读"。《如何再次拿起书》书中说："很多书迷都有过这样的经历：读完《纳尼亚传奇》或者狄更斯的全部小说，当同类作品和优质续作也无法满足你的阅读需求后，你不知道该再看点儿什么。有一种非常简单的权宜之计：我们可以暂时将注意力转向'上游'而不是'下游'——转向那些启迪了托尔金、奥斯丁的作品，而不盯着模仿、续写他们书籍的作品。毕竟，奥斯丁之所以能成为奥斯丁，主要是通过大量阅读和积累——这一点几乎适用于所有作家。"

每一个作家成长的起点都是读者，在有自己的作品之前，一定阅读了大量的内容，读过的书成了他生命的一部分，会体现在他的作品之中。就如威尔·施瓦尔贝所说的："和大部分励志演讲不一样，因为即使是最好的演讲，大多数情况也都只涉及自身，但大部分好书却不是孤立解决这些人生大问题的。伟大的作家会在时光的长河里互相对话。写书的人大多都是读书的，而大多数的书里都留着丝丝缕缕成千上万本作家下笔前读过的书的痕迹。"

作者在书中一般都会提到一些书，一些人，一些经典的话。这些内容在恰当的位置出现，可能会引起我们的注意，并在大脑中做了一个记号。就像一个老朋友不经意地介绍一个新朋友一样，在见面之前，对这个新朋友已经有一点了解，有时会满怀好感，急切地想见面。而在真正见面时，会很亲切，有时会觉得相见恨晚。

一般情况下，如果我们很认可正在阅读的书，同样也会重视他介绍的新书。这是信任背书。就像我们很容易信任我们认可的人，从而信任他推荐给我们的东西。从心理学上，这样可以降低我们的思考成本。在大多数情况下，这样做是有效的。

在网上看到一个桥水基金公司的视频，认识了瑞·达利欧，买了他的《原则》。在《原则》中，达利欧介绍了《千面英雄》的主要内容和对他的影响。他说，"带着这本书给我的启迪，我能看到我的生命将在相对较短的时间里结束，而我将留给世界的东西可能是更重要，更持久的，会影响很多人，而不仅仅是桥水的同事和我的家人。这让我更清楚地明白，我需要使可能在我去世之后帮到别人的东西流传下去，其中最重要的是本书阐述的原则，此外还有我的金钱。"

这是一本什么书，能够对瑞·达利欧有如此大的影响呢？我怀着好奇心，买了《千面英雄》。在书里，坎贝尔考察了不同文化里出现的许多"英雄"，包括现实中和神话中的英雄，并叙述了他们典型的生命历程：冒险召唤，跨域门槛，试炼之路，深渊，脱胎换骨，终极恩惠，回报恩惠。英雄一开始并不是英雄，他们通过一系列环环相扣的步骤成长为英雄。这本书也为好莱坞大片的创作者们提供了源源不断的创意之源，同时，我也深受启发。

通过《千面英雄》认识了约瑟夫·坎贝尔这位神话大师，我又去网上搜索"约瑟夫·坎贝尔"，看到他还有其他的作品《英雄之旅》《神话的力量》等，也都买了回来。

《英雄之旅》中坎贝尔讲述自己的成长之路，如何一步一步走向神话研究之路，如何发现神话的共性。《英雄之旅》序言中写道："当人们说他们在寻找人生的意义时，他们真正寻找的是对人生的深刻体验。"这句话让我学会思考所做之事是否有深刻的体验，也让我思考该做什么，应该怎么做。

在《英雄之旅》中，坎贝尔讲述了詹姆斯·乔伊斯和其作品《芬尼根的守灵夜》对他的影响。"甚至在他新婚期间，乔伊斯和他的妻子占有同样的分量，经常一手挽着太太，一手拿着乔伊斯的作品《芬尼根的守灵夜》。"

一个人和他的著作深深地影响了一个很伟大的人，这又会是什么样的作者？他又有什么作品呢？带着这样的疑问，我认识了世界上最著名的意识流作家詹姆斯·乔伊斯，以及他的著作《尤利西斯》和《芬尼根的守灵夜》。

就这样，从偶遇瑞·达利欧和《原则》开始，一步一步往前走，到约瑟夫·坎贝尔的《千面英雄》《英雄之旅》《神话的力量》，又继续往前走，认识了19世纪末20世纪初的意识流大师詹姆斯·乔伊斯和他的《尤利西斯》和《芬尼根的守灵夜》。在这样的指引下，让每一本书都有了源头，也看到了这些传世之作的生命力。

这里我说往前走，找到了一些可以看的新书，其实都是往回寻找作者的阅读轨迹，这些书其实都是"旧书"。

还有一些书为我指向未来的新书。

在最开始阅读的时候，以思考作为关键词，买了《清醒思考的艺术》，是由作者在报纸上的专栏汇编而成的。这小书轻松诙谐，简单易读，对当时正在练习快速阅读的我来说，非常适用。

书中对作者是这么介绍的：罗尔夫·多贝里（Rolf Dobelli），1966年出生于瑞士琉森，瑞士圣加仑大学（University of St. Gallen）

企管硕士、经济哲学博士，全球超大商业书摘网站 getAbstract 创办人之一，并创立全球杰出人才社群机构 Zurich.minds，会员包括《黑天鹅》作者纳西姆·尼古拉斯·塔勒布、诺贝尔化学奖得主库尔特·维特里希等。

我的第一个感觉是，《黑天鹅》是一本什么样的书，其作者纳西姆·尼古拉斯·塔勒布是谁，能放在作者介绍里，为一本书的作者充当门面，这样的书，这样的人一定不会太差。

就这样，我认识了纳西姆·尼古拉斯·塔勒布和他的《黑天鹅》。在《黑天鹅》中，作者深入介绍了黑天鹅事件的本质和规律，发掘出我们所不知道的事情背后的真正价值，教会我们如何避免小概率事件带来的重大损失，如何在不确定的世界中占得先机。

通过这本书我认识了作者塔勒布，当然也成了他的粉丝，开始对世界所发生的事情进行观察。后来，又看了《反脆弱》和《随机漫步的傻瓜》。

《反脆弱》告诉我们如何在黑天鹅事件频出的时代能够逆势生长，最好的反脆弱的方法就是学习，不断提升自己的学习能力，快速学习的能力。这样一本书，比任何的终身学习的口号都有用。

《随机漫步的傻瓜》告诉我们关注随机性，抓住身边随时可能出现的机会，保持敏感性。回想自己从练习阅读技能开始，到举办分享会，到讲课，再到写这本书，这中间没有一项内容是之前计划或者能预料的事情。这大概是我时刻保持好奇心和敏感性，友好地和这个世界相处的缘故吧。

塔勒布的影响还没有结束。这次他换了一个身份，在《思考，快与慢》上写了一句推荐语："这是社会思想的一部里程碑式著作，堪与亚当·斯密的《国富论》和弗洛伊德的《梦的解析》相媲美。"

就这样，他又将我引向了《思考，快与慢》，这本讨论大脑做决定方式的著作，认识了丹尼尔·卡尼曼。当然，还有很多人为《思考，快与慢》写了赞誉之词，包括《哈佛幸福课》的作者丹尼尔·吉尔伯托，诺贝尔经济学奖得主理查德·塞勒，还有《白板》《语言的本能》的作者史蒂芬·平克等，但是对这些人和他们的著作不够了解，所以他们的赞誉对我的影响不大。

这一次，没有往回追溯，而是指向未来。

书的指引，其实是通过书找人，再通过人找书。通过书中提到的特别的人物，我们去寻找一下他们写的书，再通过他们的书，认识其他人，如此下去。

六、关于译著的选择

最后，对于选书还有一点提醒，对于译著的选择问题。有一些比较有名的国外名著会有很多人翻译，但翻译的水平参差不齐。在网上买过一本《瓦尔登湖》，买的时候没有仔细研究译者，等开始阅读的时候，发现读不出我心中想象的瓦尔登湖的意境来，有一种翻译软件直接翻译出来的味道。放下书，去图书馆寻找，看看有没有其他的版本，很幸运发现了一个不算太厚的，封面很旧的版本，打开看了几页，感觉这就是我想要的那个。

在图书馆找到的是翻译家、鲁迅文学奖得主王家湘老师的译本，选取第一段和另一个译本的第一段，请自行比较。

王家湘老师的版本：

节俭

当我写出下列篇章、更确切地说是其中的大部分篇章的时候，我是独自生活在马萨诸塞州康科德镇瓦尔登湖旁森林中一所我自己盖的小屋里，周围一英里之内没有任何邻居，完全依靠双手的劳动养活自己。我在那里生活了两年又两个月。目前,我又是文明生活里的过客了。

另一个版本:

简朴生活

当我着手写下后面那些篇章,更确切地说是后面那大部分文字的时候,我独自生活在一所靠我自己的双手建造的小房子内,在丛林里,在马萨诸塞州的康科德城,瓦尔登湖的湖畔上,邻居们都住在一英里远的地方,我自食其力,通过自己的劳动维持生活,我在那儿住了两年零两个月。如今,我又一次在文明生活中短暂停留。

同样的例子还有意大利的著名童书《爱的教育》,夏丏尊先生翻译的版本是其他人无法超越的。

所以,对于译著的选择,选之前要仔细看看要选择的书是否有多种译本。如果有不同的译本,就要比较一下,选择那些知名的翻译家翻译的版本。否则,选择失误会对原著形成一种误读,感受不到原著要表达的意境,浪费了阅读的时间。

七、一切都是最好的安排

威尔·施瓦尔贝在《为生命而阅读》中说:"回顾我的一生,我一直因各种原因在向书寻求帮助,希望它安慰我,逗我笑,能让我分心,带给我知识。但你知道,你可以在书中找到一切并不意味着你可以轻易在刚刚好的时间找到合心意的那本书,遇见一本你恰好在寻找的那本书,或者当你需要了解某种知识或寻找某种感觉时某本书它就会刚好出现。"

虽然有时候寻而不得,但有时候不知道在哪里会遇见你想要的书。塔勒布告诉我们,要关注随机性,也许不知道什么时候就会有偶然事件发生。选书同样有随机性,可以在不知不觉中拓展我们的关注范围,避免在单一领域内徘徊。

与王明明老师聊天,谈起阅读体会,王老师说阅读也是个"系统工程"。老师一句无心之语,但在我的大脑中留下了"系统工程"这个词。因为这个词,才有了后来的阅读系统科学的入门书《系统科学大学讲稿》,并由此进入系统科学领域之门的经历。

恰当的时间碰到恰当的书是一种幸福。这个恰当的时间是指我能够读进去这本书的时候,也是有需要的时候。如果时间再早一点,即使看到这本书,我也读不进去。因为种下了一颗"系统工程"的种子,这颗种子自己慢慢发芽生长,想阻止也阻止不了。那段时间我沉浸在系统思想的世界里,见到什么都用系统思想来思考一番,让我逐渐形成了一个相对固定的思考模式。

后来,和师弟赵国伟聊起来最近读的书,说起了阅读《系统科学大学讲稿》的体会,国伟说姚飞老师以前推荐过一本《系统之美》,你也可以看看。就这样,又认识了《系统之美》,也认识了德内拉·梅多斯。可惜作者因车祸去世,系统科学领域少了一位大师。后来回想在《系统科学大学讲稿》里也有提及德内拉·梅多斯,但并未引起注意。有时候,虽然经历无数次擦肩而过,但最终依然相识。

《系统科学大学讲稿》是系统科学的入门书,介绍的是系统科学的基础知识,包括对系统的概念、基本特征和系统科学的发展。而《系统之美》是系统科学应用的典范,告诉我们如何运用系统科学去解决现实中的问题。因为有了关于系统科学基础知识的准备,阅读《系统之美》就不再陌生,像上台阶一样,迈上一个台阶之后很自然迈上下一个台阶。

同一领域内的书读多了,会有很多似曾相识的感觉,这是对的。

因为这些作者们是相识的,前人为后人开辟了道路,给后人以指引,而后人则要将前人对生命的领悟继续下去。

最后,总结一句话:选书,就是找到多种与书接触的方式,去看到书,了解书,选择书,让一本好书将你带向下一本好书,相信一切都是最好的安排。

参考文献

[1] 金.写作这回事[M].张坤,译.上海:上海文艺出版社,2014.

[2] 格吕宁.快速阅读[M].2版.郝湉,译.北京:中信出版集团股份有限公司,2015.

[3] 格拉瑟.积极上瘾[M].王梦妍,魏宁,译.北京:机械工业出版社,2018.

[4] 苗东升.系统科学大学讲稿[M].北京:中国人民大学出版社,2007.

[5] 奥克利.学习之道[M].教育无边界字幕组,译.北京:机械工业出版社,2016.

[6] 艾利克森,普尔.刻意练习[M].王正林,译.北京:机械工业出版社,2016.

[7] 梅多斯.系统之美[M].邱昭良,译.杭州:浙江人民出版社,2012.

[8] 艾德勒,范多伦.如何阅读一本书[M].郝明义,朱衣,译.北京:商务印书馆,2004.

[9] 艾德华.五天学会绘画[M].张索娃,译.哈尔滨:北方文艺出版社,2010.

[10] 罗伊尔.一本小小的红色写作书[M].周丽萍,译.北京:九州出版社,2017.

[11] 杜威.我们如何思维[M].杨绍刚,刘建金,译.北京:中国轻工业出版社,2017.

[12] 威林厄姆.为什么学生不喜欢上学[M].赵萌,译.南京:江苏教

育出版社，2010.

[13] 扬. 如何高效学习 [M]. 程冕，译. 北京：机械工业出版社，2016.

[14] 布朗，罗迪格三世，麦克丹尼尔. 认知天性 [M]. 邓峰，译. 北京：中信出版集团,2018.

[15] 施瓦茨，曾，布莱尔. 科学学习 [M]. 郭曼文，译. 北京：机械工业出版社，2018.

[16] 安德森. 认知心理学及其启示 [M]. 秦裕林，程瑶，周海燕，等译. 北京：人民邮电出版社，2012.

[17] 安布罗斯，布里奇斯，迪皮埃特罗，拉维特，诺曼. 聪明学习7原理 [M]. 庞维国，徐晓波，杨星星，等译. 上海：华东师范大学出版社，2012.

[18] 雅各布斯. 如何再次拿起书 [M]. 魏瑞莉，译. 北京：中信出版集团股份有限公司，2019.

[19] 施瓦尔贝. 为生命而阅读 [M]. 孙鹤，译. 南京：江苏凤凰文艺出版社，2017.